Leyendas de la Mezquita de Córdoba

JOSÉ CARLOS ARANDA

Leyendas de la Mezquita de Córdoba

ALMUZARA

Primera edición: noviembre de 2024

Editorial Almuzara • Colección Historia
Edición de Rebeca Rueda
Diseño de cubierta: Antonio Cuesta

www.editorialalmuzara.com
pedidos@almuzaralibros.com - info@almuzaralibros.com
Parque Logístico de Córdoba. Ctra. Palma del Río, km 4.
C/8, nave L2, n.º 3, 14005, Córdoba.

Imprime: Gráficas La Paz
ISBN: 978-84-10523-19-7
Depósito legal: CO-1695-2024
Hecho e impreso en España - *Made and printed in Spain*

Además de la Córdoba del cielo azul brillante y de la luz cegadora y casi eterna, existe otra Córdoba, si no tan conocida, sí muy atrayente, mágica y un punto arisca o «lejana». La interior y deseada para vivir en ella. Esta es la Córdoba de nuestros cuentos: la soñada, la irreal, la fantástica.

Marcial Hernández Sánchez
Cuentos de Córdoba (epílogo)

Índice

Introducción

Esta obra obedece a una deuda de mi infancia mágica en esa Córdoba que poco a poco va desapareciendo y que bien merece una página en la memoria. Cada vez que paseo por las calles de la judería, ese niño que fui vuelve a mí y me mira de frente, pidiéndome que cuente estas historias. En una época en la que no existía ni la televisión, ni el teléfono móvil, ni Internet, aprendimos a escuchar y a vibrar con los cuentos y las leyendas que nos contaban. Es maravilloso recordar aquellos relatos que dieron vida a nuestra imaginación, nuestras ilusiones y nuestros miedos. Luego, nos hacemos mayores y la razón acaba por cuestionar, borrar o reescribir los recuerdos. Y es muy posible que llegue un día en que nadie sepa por qué el rostro del cautivo llora o por qué raspábamos con una moneda la «columna del infierno». A todo visitante asombra la belleza de la Mezquita-Catedral. Se deleitan al recorrer su Patio de los Naranjos, entrar por la Puerta del Perdón hasta la Puerta de las Bendiciones y subir quizás al campanario, mientras escuchan su historia y les hablan de su arte, sus fases, sus columnas, arcos y capiteles… Sin embargo, rara vez vivirán la magia del monumento desde los ojos de un niño.

Historias y leyendas, cuentos y anécdotas se mezclan con sus piedras centenarias. Hoy les propongo otra forma de visitar la *alhama*, la Mezquita-Catedral de Córdoba, mirando esos rincones donde viven los fantasmas de los recuerdos, las anécdotas, los hechos que, por curiosos, han formado parte de nuestro pasado y nos fascinaban siendo pequeños. Sea, pues, un homenaje a aquella forma antigua de transmitir las historias, esa tradición oral con que nos entretenían en las largas noches de invierno o en los momentos de sol y merienda de pan con aceite o chocolate, cuando, a raíz de una piedra, una imagen o el vuelo de un pájaro, esa persona mayor se lanzaba a narrarnos relatos del pasado. «Las mujeres mayores llevaban el peso de la tradición», y así, con las arrugas de la edad marcadas en el rostro, han quedado retratadas por múltiples artistas a lo largo de los siglos; artistas que, probablemente, vivieron lo que yo viví y sintieron lo que yo mismo sentí.[1]

Pero, para disfrutarlas, dejemos de ser turistas y seamos, por unos instantes, unos visitantes curiosos, de esos que se pasean sin prisa dejándose sorprender por la luz que nos inunda y el aire que se respira, con la mente abierta, para que la ciudad nos susurre y vaya abriéndose a nuestro paso, piedra a piedra, latido a latido, mirando el rostro de la gente que se cruza en el camino. Porque hay que abrir la mente para sentir la magia, como decía el gran Camilo José Cela o Antonio Muñoz Molina:

> Con frecuencia, al caminar por las ciudades, he observado que el turista se parece a un adicto a la caza menor. Avanza entre los prodigios como un merodeador fatigado, vigilando algo, alza la cámara como si apuntara un fusil y tras el disparo vuelve a colgársela del hombro con el desinterés y el alivio de quien ha cobrado una pieza no demasiado relevante. Uno prefiere ir por ahí desarmado de cámaras y de guías, dejando al azar y al instinto el sentido de sus itinerarios y confiando a la memoria la

---

1 Caro Baroja, Julio (1989). *De los arquetipos y leyendas.* Barcelona: Círculo de Lectores. Pág. 171.

perdurabilidad de las cosas que ve. [...], es salir a la calle para mirarlo todo con codicia indolente, [...] perderse [...].[2]

Tuve la suerte de nacer en Córdoba, en la judería, en el barrio de la Catedral —sí, de la Catedral, lo de la Mezquita vendría más tarde, con el turismo, allá por finales de los sesenta—. ¿Os imagináis una infancia con el Patio de los Naranjos y la plazuela del Cardenal Salazar como jardines de recreo? Crecí en un barrio donde todos eran conocidos y éramos conocidos por todos; donde la calle era una prolongación de nuestra casa. Teníamos a Pili, la carnicera, rubia y dicharachera; a Alejandro, con su ojo vago y sus cupones en su perfumería de la esquina; a Manolo, el confitero, que sabía recitar la lista de los reyes godos; a Minguitos, pausado y sonriente, con su restaurante Los Califas, o a Isabel, la jeringuera, que me regalaba los tostones y las sobras cuando iba a comprar. También teníamos a nuestro relojero, Moisés, con su cojera, y a Pepe y Concha, enormes y bonachones desde la mesa camilla pegada a la cocina, en la taberna, con su patio y su bodega. Teníamos tienda de paños y zapatería —nunca supe cómo se llamaba el Bizco y me da pena—, y hasta una floristería donde comprar las flores para llevar a María en el Colegio de La Milagrosa cuando llegaba mayo. También estaba la casa de empeños y el banco, el Monte de Piedad, en la calle Medina Corella, y tampoco podían faltar nuestras platerías, como la de Antonio, al fondo de la calle Romero, donde comenzó a trabajar mi hermano Pedro. Y había palacios y casas señoriales, umbrías y misteriosas, como la de las Pavas, la casa de la marquesa, el mesón del Conde o la casa en la que vivió el Inca Garcilaso —habitada por los Ostos—. Algunas debían ser de leyenda, como la del Tío del Queso o la casa del viejo. La primera sí que existe, hoy es la Escuela de Arte Dramático, el antiguo palacio de los Fernández de Mesa, en la cuesta de Blanco Belmonte.

---

2 Muñoz Molina, Antonio (1991). *La Córdoba de los Omeyas.* Barcelona: Planeta. Pág. 13.

En cuanto a la segunda…, tuve que estudiar Filosofía para aprender que, en realidad, estábamos hablando del barrio del Alcázar Viejo, solo que pronunciado a nuestra manera. Y también nos rodeaban algunas casas de vecinos, lo que en Madrid llaman «corralas», como la de la calle Albucasis, en el número 6, o la de la calleja de las Flores, al fondo de la plazuela, con familias abigarradas en dos habitaciones sin cocina, donde llegó el agua potable por tuberías de plomo colgadas a la pared entre macetas de gitanillas o de geranios regadas con cañas y latas. ¿Quién les hubiera dicho entonces a esos patios con cocina, letrina y pilas de lavadero desgastadas por el uso que acabarían siendo Patrimonio de la Humanidad? Pero esto era tan normal que a nadie nos extrañaba ni empañaba la alegría de la infancia.

Nosotros vivíamos encima de una tienda de comestibles, entonces se decía «de ultramarinos»; ese era el negocio familiar, en el número 14 de la calle Deanes. En la planta baja estaba la tienda, con sus dos portones abiertos siempre al público y la acera inundada de cajas de fruta. La trastienda servía de almacén y sala de estar, con su mesa de camilla y su brasero de picón. El pasillo a la escalera hacía las veces de cocina, con el techo repleto de jamones colgantes oreándose, y en la planta alta teníamos los cuartos, que hacían de dormitorios: dos habitaciones, una para mis padres y otra que compartíamos los seis hermanos —la pequeña nació cuando ya nos mudamos al piso del número 5—. Y nuestro cuarto de baño era el hueco de la escalera. Allí nos lavaban llenando una cubeta y utilizando una esponja jabonosa y áspera; pero, cuando hacía buen tiempo, nos bañaban en la azotea llenando un barreño de metal que dejaban al sol para templar el agua. Más tarde, se instaló una ducha con termo. Una cortinilla de plástico nos proporcionaba algo de intimidad. Así vivimos hasta que cumplí catorce años. Pero os puedo decir que tuve una infancia muy feliz, pues tenía lo más importante que un niño puede tener: el amor de una familia. Por eso sé que equivocamos el rumbo cuando nuestro esfuerzo se dirige a tener más y más, engañados por una publicidad que nos inunda sin sentido, una publicidad constante que no hace sino llenar de vacío nuestras vidas.

En aquella época había niños y jugábamos en la calle. Junto con mi inseparable hermano Enrique, nos íbamos con José Manuel, Antonio, Rafalín, Paquito, Gabriel…, aquellos entrañables amigos que se criaron con nosotros. No teníamos móviles y el teléfono fijo apenas se utilizaba si no era para cuestiones de negocio o casos de urgencia. Tampoco era necesario, todos sabíamos dónde estábamos y nuestras puertas siempre estaban abiertas. Cuando no venían a buscarte, ibas tú a buscarlos. Era algo así de sencillo. El tiempo nos parecía eterno, quizás porque éramos niños, quizás porque no teníamos la tecnología del entretenimiento que hay ahora… Solo contábamos con nuestra imaginación y unas tremendas ganas de jugar.

La televisión entró por primera vez en casa cuando el hombre pisó la luna. Hasta entonces, la radio hacía compañía y nos distraía con radionovelas y programas de concurso salpicados de noticieros. Teníamos tiempo para hablar, para jugar, para aburrirnos, y en ese sentido fui muy afortunado, porque el aburrimiento es la antesala de la creatividad.

Ayudaba en casa una señora mayor que nos quería con locura. Se llamaba María Mora y era de Granada. Menuda, risueña, activa, avejentada prematuramente, con su pelo cano…, y vestía invariablemente de negro desde antes de que falleciera el marido. Hacía de todo en casa, desde cocinar a ordenar, limpiar o servir de niñera. Era ella la que, de vez en cuando, nos sacaba a pasear a los jardines de Agricultura, a los que llamábamos los Patos porque allí estaban en la fuente, o al Patio de los Naranjos, para sentarnos un rato al sol mientras veíamos el deambular de los turistas, siempre curiosos.

María estaba casada con Manolo el Manco, que ejercía de guardacoches en la calle Torrijos cuando aún se podía aparcar frente al Triunfo de San Rafael, en la misma fachada del Palacio Episcopal. Manolo el Manco tenía aspecto flaco, alegre y apergaminado. Era un tullido de guerra, y a los niños nos fascinaba verle el muñón y la manga inerte de la chaqueta metida en el bolsillo. Tenía una destreza increíble con su única mano para sacar una cubeta de un pozo; era casi mágico ver cómo lograba retener la cuerda pisando el cabo para volver a tirar de ella hasta lograr sacarla al brocal. Y con nosotros, los niños, era amable y risueño, siempre tenía un caramelo que ofrecer. María Mora era medio gitana, medio mora, no sé. Una mujer muy supersticiosa que para todo tenía explicación y remedio, ya fuera el que te picara una ceja o la nariz, te pitaran los oídos o te doliera la cabeza. Cuando había tormenta, salía fuera con la lluvia y dibujaba una cruz con guijarros en el centro de la calle para alejarla y que no cayeran rayos. Caminaba siempre mirando al suelo y sin dejar de hablar. Tenía esa especie de sabiduría popular que inspira y transmite las tradiciones y los cuentos. De lo que me contaba siendo niño, nunca sabré qué había de tradición y qué de invento, pero eso es lo de menos cuando se trata de alentar la fantasía de la infancia. A ella debo buena parte de ese mundo mágico que me rodeó siendo niño, y a su cariño e historias estaré siempre agradecido.

Elena, la torrera; Juan, el campanero, su marido; María, nuestra tata, o Manolo nos contaban historias para entretenernos. Y gracias a ellos, cada rincón tenía su significado, que unas veces era pura fantasía, cuento infantil, pero en otras aquellos relatos atesoraban conocimientos transmitidos por la tradición y que, poco a poco, han visto la luz gracias a los descubrimientos recientes, aunque contados a su manera. No podía ser de otra forma, un monumento tan grandioso como la Mezquita tenía que alentar la imaginación de las gentes tratando de encontrar un sentido al buey reventado, al colmillo del elefante, a la columna que huele a azufre, a esa luz misteriosa que ilumina el Mihrab o a esa decoración en las paredes del edificio.

Aquellas calles de Deanes, Romero, Manríquez eran un hervidero de gente yendo y viniendo. En la década de los 60 teníamos, en la plaza del Cardenal Salazar, el Hospital de Agudos y, junto al paseo de la Ribera, el Seminario Mayor de San Pelagio. Hoy nos parece imposible imaginar las ambulancias pasando veloces por aquellas calles tan estrechas y cómo la gente curiosa, después de apartarse, corría tras ellas para ver al accidentado sacado en camilla camino de las Urgencias. Médicos, batas blancas, monjas enfermeras, seminaristas y sacerdotes deambulaban en los descansos por las calles o se detenían a tomar algo en Casa Pepe al terminar el turno. El ventanuco del zaguán era un buen lugar donde degustar de pie un medio de vino y pasar desapercibido. El restaurante de Los Califas, regentado por el taciturno Rafael, Minguitos, era una referencia gastronómica para sentarse a disfrutar de una buena comida en mesas de camilla con enagüillas y brasero de picón. Allí solían ir actores y cantantes a celebrar éxitos y fracasos después de un buen sarao o de alguna actuación en el Gran Teatro. Aún recuerdo a nuestro obispo José Antonio Infantes charlando con nosotros mientras compartía un café en la taberna de «Rafaé», allí en la esquina de la calle Buen Pastor, porque era así de sencillo, de entrañable, de cercano, que dejaba el tratamiento para el Palacio Episcopal cuando atravesaba nuestras calles. Con él viví una anécdota que quizá os cuente otro día, cuando le pedí permiso para celebrar la boda de un amigo japonés en la capilla de San Bartolomé, oratorio que hoy podéis visitar camino del Zoco, callejeando al fondo de la plaza del Cardenal Salazar. Hoy, ya restaurada, es un maravilloso monumento del arte mudéjar en nuestra ciudad.

Al final de esa década se inauguró el Hospital Reina Sofía y aquel palacio se transformó en la Facultad de Filosofía y Letras. Soy, creo, de los pocos cordobeses que pueden decir que fui intervenido quirúrgicamente en el mismo hospital donde más tarde estudié la carrera. Tenía once años y me operaron de apendicitis. Recuerdo la sala corrida con las camas en batería y a mi padre, a mi lado, por la noche, leyendo a la luz de una lamparilla *La cabaña del tío Tom*. Me parece que fue la única vez que vi a mi padre leer un libro. Por un pequeño altavoz se rezaba el Santo Rosario por la tarde; a las doce de la mañana, la campana del Patio de los Magnolios invitaba a rezar el ángelus. Algunos años después, durante mis estudios, estos recuerdos me asaltaban como fantasmas y no veía estudiantes en aquel Patio de los Magnolios, sino enfermos en pijama rivalizando por un rayo de sol. Y me sobrecogía cuando iba al aula número 3 y pasaba por el pasillo frente a la sala donde se depositaban los cadáveres transformada en el aula número 1. Hoy pocos saben que sigue siendo facultad y que podéis entrar a pasear por sus corredores y ver el imponente retrato del cardenal Salazar presidiendo la escalinata, o sus magníficos patios. No dejéis de hacerlo, después de descansar tranquilamente sentados en la plaza, sembrada de mesas, mientras tomáis un aperitivo. Es un viaje en el tiempo. Se trata de otro edificio mágico habitado por fantasmas, según dicen, pero esa ya es otra historia…

Los cuentos y leyendas forman parte de la cultura popular que tiende a buscar explicaciones a todo cuanto observa, y, cuando se desconocen las causas, sencillamente se inventan. Los niños, siempre curiosos, lo preguntamos todo y, cuando no hay respuestas conocidas, la imaginación echa a volar, si las circunstancias lo permiten. Se trata de dotar de un sentido trascendente, o no, a todo cuanto observamos, y esas historias sirven para aplacar los ánimos e inspirar ilusión o miedo a partir de lugares, imágenes, fenómenos naturales o sobrenaturales, explicables o inexplicables, pero que perviven en el imaginario cultural de la ciudad.

Algunas de estas historias tuvieron su explicación, a veces irrisoria, a partir de anécdotas o sucesos; otras, en cambio, no. Respecto a fantasmas, que no resultaron tales, a modo de ejemplo, me viene a la mente un relato de Ricardo de Montis sobre un supuesto espectro que llegó a aterrorizar a los vecinos del barrio. Una sombra traviesa aparecía y desaparecía durante la noche sin que nadie lograse averiguar de qué se trataba, y, al no ponerle cara, empezaron a fabular con la existencia de un fantasma y a cerrar puertas y ventanas cuando anochecía. Fue tanto el rumor y la insistencia en las denuncias que las autoridades tomaron cartas en el asunto. El gobernador apostó a algunos vigilantes del cuerpo de seguridad por los alrededores del monumento, y aquellos pudieron observar a altas horas de la madrugada a un individuo que caminaba procurando no hacer ruido y ocultándose en las sombras. Cuando se abalanzaron sobre él, descubrieron que era una autoridad de la ciudad que andaba de picos pardos, en una aventura amorosa, y que no quería manchar su reputación.[3] O aquel otro que saltaba por los tejados y resultó ser un estraperlista. Pero no todas las historias han tenido una explicación tan sencilla; algunas han quedado en el misterio y se han transmitido de generación en generación.

Permitidme volver a ser niño y acompañaros en esta visita al monumento, al barrio. Una visita distinta en la que viajaremos en el tiempo a través de la fábula que compuso mi infancia. He procurado unir a mis recuerdos de cuentos y anécdotas la documentación histórica cuando procedía y recurrir a notas literarias en algunos casos; en ese sentido, confío en que aporten algo de rigor sin restar interés ni magia al relato. De no ser así, os ruego que me perdonéis.

José Carlos Aranda Aguilar

3 Montis, Ricardo de (1922). «Apariciones, duendes y fantasmas», en *Notas cordobesas*. Tomo III. Córdoba: Imprenta de Diario de Córdoba.

Camino de la Mezquita-Catedral: el Campo Santo de los Mártires

LOS BAÑOS CALIFALES

Hemos dejado el coche en el aparcamiento del Alcázar. Tuvimos suerte y había plaza. Y lo primero que observamos desde el interior son los imponentes sillares de la antigua muralla romana emergiendo. Todo un espectáculo que ya nos anticipa lo que nos espera. A la salida, si miramos hacia la derecha, veremos un paisaje casi medieval, con la muralla antigua salpicada de pequeños torreones, con lo que serían los fosos y hoy son estanques que dan su nota sonora al paseo. El agua es la música de Córdoba, un murmullo misterioso que poco a poco nos va aquietando el alma. Mucho hemos de agradecer a las obras de adecentamiento de la ciudad en las últimas décadas porque, antiguamente, esta zona era un vertedero; hoy, sin embargo, es uno de los rincones más bellos para pasear hasta la Puerta de Almodóvar, una de las pocas que se nos conserva del periodo islámico. Pero no nos distraigamos con Averroes sentado en su silla o con Lucio Anneo Séneca, de pie, mirando hacia nosotros. Vamos hacia la *alhama*, la Mezquita-Catedral, y debemos caminar hacia la izquierda a través de los jardines del Campo Santo de los Mártires.

Conforme vamos bajando, verás a tu izquierda unas ruinas medio soterradas. Son los famosos baños califales que se nos han conservado y que formaban parte del palacio de los emires y califas omeyas. Visitarlos es un desafío a la imaginación, solo vemos muros hoy desnudos que, con suerte, cobran vida si tienes un buen guía. Losas y bañeras que parecen sarcófagos, y ese techo abovedado con huecos en forma de estrella ya no son ni la sombra de lo que en su día fueron, a pesar de las reformas y adecuación realizadas para que sirviera como museo, con su recepción, el antiguo vestuario, incluso un jardín andalusí. Pero os propongo una experiencia si, por vuestra suerte, vais a pasar más de un día en Córdoba: visitad los baños árabes inspirados por aquellos restos que se nos han conservado: sus piscinas de agua templada, sus baños de agua fría, sus camillas para el masaje relajante, esa ilumina-

Grabado de unos antiguos baños árabes. Estos recrean los que había en el palacio del emir Preshir, en Beit ed-Dine (Líbano).

ción con estrellas multicolores en el techo, el aroma del aceite de romero... Os transportará a otra época y os enseñará a mirar la ciudad con otros ojos. Disfrutad de la experiencia.[4]

Para aquellos pueblos que venían de los desiertos de África, el agua era vida. Tuvieron la suerte de encontrarse con la tradición de las termas romanas y no perdieron la ocasión de hacer del agua la sangre que alimentara la ciudad, sus jardines, sus plazas, sus templos, sus castillos, sus casas. Y los baños se multiplicaron junto a las mezquitas como signo del refinamiento de una cultura que, siendo conquistadora, fue conquistada. El rumor del agua os acompañará inevitablemente durante vuestra visita a nuestra ciudad.

EL MONUMENTO A LOS ENAMORADOS[5]

Detrás de las ruinas de los baños califales veréis un monumento relativamente reciente. Cuatro columnas cubiertas por un tejado a cuatro aguas protegen dos manos que buscan encontrarse. Es un monumento al amor que encierra una tierna y trágica historia.

Vivía entonces Córdoba una época convulsa de tensiones políticas entre omeyas y bereberes que Almanzor mantenía en equilibrio gracias a su enorme capacidad militar. Pero, a su muerte, la crisis degeneró en lo que sería la caída del califato. En esta época creció una mujer extraordinaria llamada Wallada, hija del undécimo califa Muhamad al-Mustakfi, y una esclava cristiana llamada Amin'am. Al-Mustakfi accedió al califato tras haber asesinado al anterior califa, Abderramán V, y, a su vez, murió asesinado en Uclés (1025). Pero los dos años que ostentó el título valieron a Wallada la denomi-

4 Aquí te dejo un par de sitios donde puedes disfrutar de la experiencia: Hamman Al-Andalus, en la calle Corregidor Luis de la Cerda, n.º 51, o en Almanzor, n.º 18.

5 Para saber más sobre la princesa Wallada, véase Cabello, Matilde (2005). *Wallada, la última luna*. Córdoba: Almuzara.

nación de «princesa». Gracias a su educación adquirió una enorme cultura, algo que solo estaba permitido a las mujeres nobles. Su posición social se acrecentó al morir su padre sin descendencia masculina y heredar todos sus bienes, lo que le permitió marcar el rumbo de su vida en libertad, dedicarse al estudio y la cultura lejos de las intrigas palaciegas. Y lo hizo desde una postura contestataria y rebelde. En su palacio organizó un salón literario al que acudían los mejores poetas del momento, y su belleza era el mejor reclamo: pelirroja, de piel clara y ojos azules. Pero, además, era inteligente, culta y rebelde, orgullosa y tenaz. Caminaba por la calle sin velo y bordaba en sus vestidos proclamas en versos de libertad para escándalo de muchos que no hubieran dudado en juzgarla y sentenciarla a muerte si su posición política y social no hubiera sido tan firme.

En una de sus tertulias conoció a quien sería su gran pasión, el poeta Ibn Zaydun. Cuentan que, en aquella primera tertulia, rivalizaron en su facilidad de versificar y, durante toda una noche estuvieron improvisando versos en una sinfonía interminable. De la rivalidad creativa, vino el aprecio, la fascinación y luego el amor apasionado que inspiró sus más bellos versos. Muchos fueron los poemas que Wallada dedicó a su amante, y quizás la historia se hubiera escrito de otra forma de haber transcurrido en otra época, pero Ibn Zaydun era amigo y protegido de los rivales políticos de la princesa, los Banu Yahwar. Eran momentos de difícil equilibrio y rivalidad por el poder, en los que la traición y la muerte eran una realidad cotidiana. Fueron prudentes y mantuvieron su relación en secreto para evitar represalias. La vida de la princesa era una provocación constante a las costumbres y usos de los musulmanes. Cualquier excusa podría ser fatal, hubiera podido tener un desenlace trágico, no podían correr el riesgo, y los poemas amorosos se cruzaron en las claves que solo entienden los enamorados.

Aquella muchacha de ojos bellos,
de fragancia deliciosa,
de aliento perfumado, de aroma penetrante,

me tendió su fina mano, y comprendí
que era hermosa mujer de mirada seductora.
Por su talle corre fresca sabia juvenil;
ungida está de almizcle por su muy clara virtud.
Cuando me ofrece jazmines en la palma de su mano,
recojo estrellas brillantes de la mano de la luna.

Ibn Zaydum

Pero no hay nada que pueda ocultarse para siempre, y menos en una sociedad tan cerrada y estricta. Aquel romance apasionado tuvo un amargo final. La envidia siempre alimenta los corazones mezquinos. Entre los enamorados de la princesa, asiduo a sus fiestas, estaba Ibn Abdús, un hombre poderoso y bien posicionado políticamente, visir del califa, que no podía soportar la relación entre ambos. Consumido por los celos, y conociendo el carácter de la princesa, urdió un plan para separarlos. Sobornó a una de las esclavas de Wallada para que sedujera al poeta, y este, ingenuo, cayó en la trampa. Ibn Abdús, que estaba al acecho, los sorprendió y su traición quedó en evidencia pregonada a los cuatro vientos.

Algo debió romperse en el corazón de la princesa cuando le contaron con pelos y señales la infidelidad de su amante. Y al amor siguió el despecho, el odio y la repudia. El orgullo ordenó la sentencia, le cerró las puertas de su palacio y nunca volvió a verlo. Ibn Zaydun, arrepentido, rogó una y otra vez el perdón de su amada, un perdón que nunca obtuvo. Quizás de ese sentimiento de dolor manaran sus más preciados versos. Se cuenta que caminaba como alma en pena por las calles de Córdoba, sus poemas rezumaban desde entonces el dolor del rechazo y la súplica del regreso. Finalmente, su enemigo logró que cayera en desgracia; denunciado y sentenciado, acabó en la cárcel. Ibn Zaydun logró escapar, no se sabe cómo, y consiguió refugiarse en la corte de Sevilla, donde, gracias a su fama como poeta, alcanzó altos cargos, incluso llegó a ser nombrado visir de Al Mutadid. Allí, sin volver a verla, acabó su vida. De su legado nos quedó un extraordinario libro de poemas, *El collar de la paloma*,[6] una obra por la que su nombre ha pasado a la historia, aunque muchos ignoran la importancia de su musa en esa creación.

Al final, Ibn Abdús logró su propósito y, eternamente enamorado, se mantuvo fiel a su amada y la cuidó atendiéndola en su declive, cuando, agotada la fortuna heredada, hubo de vivir de su talento poético y musical hasta que la edad venció su genio. Wallada acabó viviendo con Ibn Abdús en su palacio de Córdoba, pero nunca se casó con él, se mantuvo fiel a sí misma hasta el final de sus días, el 26 de marzo de 1091, el mismo día en que los almorávides entraron en Córdoba para destruir todo cuanto encontraron a su paso, a excepción de la Mezquita, por ser un lugar sagrado. Tenía algo más de ochenta años cuando falleció. ¿Acaso murió pensando en su gran amor? Quiero pensar que sí, o quizás el desamor acabó borrando las últimas huellas en su recuerdo de una pasión que la devoró en vida.

No sé si se trata de un monumento al amor, o a lo efímero de las pasiones humanas, o al desamor, o simplemente debiera ser el homenaje a una mujer extraordinaria, capaz de vivir su vida y su pasión con una libertad que aun hoy asombra. O, quizás, debiéramos mirarlo como el monumento al fuego que a todos, alguna vez, nos ha abrasado el corazón. Pero conmemora el recuerdo de una historia que pudo haber sido, quizás en otra época, en otras circunstancias…, tal vez por eso las manos apenas se rozan. Por mi parte, reconozco que soy un sentimental y, cuando paso por aquí, siempre me asalta la tentación de colocar una flor entre esas manos.

---

6 Del libro existen múltiples ediciones y hoy es fácil de conseguir. Si os interesa profundizar sobre su poesía, os recomiendo este artículo de Natividad Nebot Calpe: «*El collar de la paloma*: libro del siglo XI sobre el amor hispano-árabe», en *Actas XXXVII (AEPE)*, págs. 363-377. De él afirma: «El autor expone en esta obra su teoría psicológica acerca del amor con tal agudeza de observación y altura de pensamiento, que leerla cautiva, mantiene la atención y entretiene, pese a los casi mil años que nos separan de ella».

LA CASA DE LA QUERIDA DEL OBISPO

Sin salir de los jardines del Campo Santo de los Mártires, justo detrás del monumento, haciendo esquina, veréis una casa con pórtico de piedra, sobre la que se abre una ventana abalconada, con rejas. Hoy es un buen restaurante con terraza. Si entráis, os sorprenderá el magnífico guadamecí del recibidor, su patio, sus galerías con balaustradas de madera, y esa cúpula de cristal policromado que confiere un aire casi mágico al ambiente. Un buen sitio para reposar y degustar la gastronomía cordobesa. Pero el caso es que, cuando pasábamos por allí, siendo niños, María Mora nos decía: «Esta es la casa de la "quería" del obispo. La tenía aquí y, como estaba pegada al palacio, cuando quería, venía a estar con ella sin que nadie se enterase».

A mí aquello me sonaba muy mal. El que un obispo viviera en pecado rechinaba en mi moral infantil. Después descubrí que eso del celibato no siempre se tuvo en cuenta y que, en todas las épocas, hubo deslices y escándalos. También aprendí que los títulos eclesiásticos no siempre se otorgaban por la ejemplaridad de la vida de quienes eran elegidos para el cargo, sino por razones más mundanas, como los intereses políticos. Todo quedó ahí, en los rumores malintencionados que con frecuencia el pueblo utiliza para desprestigiar a quien envidia por su suerte; pero, en este caso, la leyenda tenía su fundamento, era un hecho histórico recogido en las crónicas más antiguas.

Fue en el año 2002 cuando se publicó la edición facsímil de una obra extraordinaria escrita originariamente en la segunda mitad del siglo XVI, *Casos raros ocurridos en la ciudad de Córdoba.*[7] Y fue allí donde me encontré, para mi sorpresa, con la historia que dio lugar a esta leyenda popular que se ha mantenido viva de generación en generación en el barrio y que ahora os cuento.

7 AA. VV. (2002). *Casos raros ocurridos en la ciudad de Córdoba.* Córdoba: Cajasur. Tomo II.

El obispo en cuestión se llamaba don Leopoldo de Austria y está enterrado en la Catedral, justo enfrente del Altar Mayor. Era hijo ilegítimo del emperador Maximiliano de Austria, hermanastro, por lo tanto, de Felipe el Hermoso, que, casado con doña Juana, hija de los Reyes Católicos, tuvo por descendiente al que luego sería el emperador Carlos V. Como solía ser frecuente en la época, a los hijos ilegítimos se les destinaba a la carrera eclesiástica. Así se hizo con don Leopoldo, que fue rector de la Universidad de Salamanca, y finalmente se le otorgó el Obispado de una ciudad principal como lo era Córdoba, considerada entonces el cuarto episcopado más rico de España.

Su afición al lujo y al refinamiento parece estar clara por las obras de mejora que se le atribuyen en el Palacio Episcopal, pero su vocación religiosa no debía ser muy fuerte cuando se enamoró de una mujer, doña Catalina Espert de Ponce, con la que mantuvo un romance que duró años. Para evitar escándalos, la instaló en la casa contigua e hizo un pasadizo subterráneo para poder ir y venir sin ser visto. Pero sucedió que una noche, por descuido, quedaron olvidados sobre la cama unos corpiños de la señora. Cuando a la mañana siguiente los descubrió un criado, salió de la estancia escandalizado dando gritos. Inmediatamente se produjo un gran revuelo, pero a las voces acudió otro criado, don Juan de Espinosa, que, con toda diligencia, se hizo cargo de la situación, serenó los ánimos y, dándole dos bofetadas al criado histérico, se guardó los corpiños en las calzas. Y muerto el perro, se acabó la rabia: todo lo que había dicho su compañero era falso, alucinaciones; lo que había visto no eran sino las sábanas revueltas de haber dormido. Sin perder el tiempo, y temiendo las represalias del mayordomo por las bofetadas propinadas al compañero, fue al obispo y le contó lo sucedido. El obispo, agradecido por la rapidez de su reacción, lo acogió bajo su protección, despidió al criado que suscitó el escándalo y, después de pedirle los corpiños y encarecerle el secreto, recompensó su discreción nombrándolo su secretario personal. La inteligencia, la fidelidad y la discreción tienen un precio.

De aquellas relaciones con doña Catalina le nació un hijo al obispo, al que llamaron Maximiliano de Austria. Don Leopoldo siguió protegiendo a su criado otorgándole todo tipo de favores —entre ellos, una canonjía—, y también lo nombró tutor de Maximiliano. Como no quería dejar a su hijo sin nada, el obispo quiso acomodarlo y, para ello, solicitó a Felipe II que le otorgara el título de marqués o duque del pueblo cordobés de Fuenteovejuna —el que después se hiciera famoso con el drama de Lope de Vega—, a cambio de cuatrocientos mil ducados. El rey aceptó su propuesta. El dinero fue enviado a la corte en cuatro mulas. Pero el asunto no era tan secreto como se pretendía, pues, al parecer, un fraile jerónimo recriminó al rey el trato, la venta de la ciudad y el nombramiento para alguien que era fruto del pecado.

Mujer cristiana orando frente a un altar (Apeles Mestres, 1884).

Sin embargo, a veces el destino juega malas pasadas. Sucedió que, yendo el obispo a la toma de posesión de Fuenteovejuna, cayó enfermo. A dos leguas del pueblo se detuvo a descansar un rato, pero es el caso que sobre una pobre esterilla murió sin ver cumplidos sus propósitos. Aunque, con su último aliento, cedió Fuenteovejuna y todos sus bienes a Juan de Espinosa, confiando en que los guardara para dárselos a su hijo Maximiliano. No pudo ser, porque Felipe II, enterado del suceso, se quedó con el dinero y con la villa, aunque cuidó del hijo del obispo, al que nombró abad de Alcalá y, con el tiempo, llegó a ser arzobispo de Santiago.[8]

Las leyendas populares tienden a ser ejemplarizantes, de ahí que el suceso de la muerte, ocurrida cuando iba a la toma de posesión de la villa, se considerara por algunos como un castigo divino por su vida en pecado.

No debemos escandalizarnos de la historia, porque la situación era más frecuente de lo que hoy nos pueda parecer. Recientemente se dio a conocer un hallazgo: el testimonio del poeta cordobés don Luis de Góngora ante el Santo Oficio. En él se acusa al inquisidor mayor don Alonso Jiménez de Reynoso de mantener encuentros amorosos con doña María de Lara, a la que dispuso un aposento en «la torre», construyendo un pasadizo horadando la muralla para poder pasar inadvertido. Como podéis ver, la historia vuelve a repetirse. También afirma el poeta el escándalo que suponía el ver las camisas sucias «tendidas a la mañana en el terrado para enjugallas del sudor, donde hallaban en las delanteras de las dichas camisas las inmundicias y suciedades ordinarias de semejantes actos».[9]

En fin, como dijo un poeta jocoso, el Arcipreste de Hita, «humana cosa es pecar». Lo que no deja de ser extraordinario es que la conciencia popular conservara esta historia en su retina a lo largo de los siglos, ¿no os parece?

---

8 Historia tomada directamente de AA. VV. (2002), *op. cit.*, págs. 85-90.

9 Transcripción del manuscrito. Para más información, puede consultarse Paz, Amelia (2012). *Góngora y el señor Inquisidor.* Madrid: Sociedad Estatal de Conmemoraciones culturales.

El Alcázar de los Reyes Cristianos: de paraíso romántico a cárcel de la Inquisición

Seguimos avanzando, y os llamará poderosamente la atención, mirando a la derecha, la muralla y la torre del Alcázar de los Reyes Cristianos. Delante, veréis un jardín bien cuidado donde crecen las palmeras, los cipreses y los naranjos que amenizan la espera para entrar en el monumento. El emplazamiento nos invita a pensar que siempre estuvo ahí como fortaleza para proteger el acceso por el río y las murallas. Pero, más allá de su uso como fortaleza, está la belleza de sus jardines. De hecho, tenemos constancia de que ya existía en tiempos de los romanos, aunque su aspecto actual, reforzado, macizo, orgulloso, se adquiere a partir de la conquista cristiana, allá por el siglo XIII.

Se cuenta que fue aquí donde estuvieron situados los mitológicos jardínes de las hespérides. Un poeta siciliano, Estesícoro, situó estos jardines en el sur de la península ibérica, donde se encontraban los tartessos. Un jardín de belleza inigualable, cuidado con mimo por las hespérides, las ninfas del ocaso. Se trataba del huerto de la diosa Hera, y en él crecía un árbol cuyas manzanas doradas procuraban la inmortalidad. Gea, con motivo de su boda con Zeus, se lo había regalado. Un enorme dragón, Ladón, las ayudaba en sus labores de vigilancia para que nadie se acercara al fruto, mientras entonaban al unísono una melodiosa canción arrullada por el rumor de las fuentes. El robar estas manzanas fue una de las doce pruebas de Hércules, y lo logró, ayudado por Atlas. ¿No os parece una historia fantástica? El caso es que no es la única leyenda que vincula a Hércules con nuestra ciudad, lo veremos cuando hablemos del Puente Romano o del Palacio Episcopal y el rey Rodrigo.[10]

El origen del Alcázar de los Reyes Cristianos también tiene su leyenda mágica. El gobernador que ordenó su construcción tuvo un sueño profético: si quería una ciudad eterna, debía constuir este castillo; pero solo sería inexpugnable y garantizaría la perdurabilidad del reino si lograba colocar las tres columnas mágicas en el interior del edificio. La primera le proporcionaría la fuerza y la protección para defender la plaza contra cualquier enemigo que la tratara de conquistar; la segunda le otorgaría la sabiduría necesaria para gobernar el reino, y la tercera le concedería riquezas sin límites para sostenerlo.

Cuentan que el gobernador mandó emisarios a los cuatro puntos cardinales hasta que las encontraron, y fue entonces cuando dieron comienzo las obras de construcción del Alcázar. El sueño mágico, premonitorio, es un motivo común a muchos relatos; lo veremos repetido en el caso de Abderramán I y la Mezquita-Catedral, o en el origen de la devoción a san Rafael en Córdoba, pero no deja de revestir con un cierto halo de misterio al monumento. Oyendo estos relatos, tal parece que estemos ante *Las mil y una noches*, y lo cierto es que la ciudad es un misterio que se resiste siempre a ser desvelado.

El monumento es digno de visitar. Si podéis, no dejéis de pasearlo tranquilamente. No hace mucho se inauguró un espectáculo de luces y sonidos que os deleitará, es toda una experiencia para los sentidos. La fortaleza, muy bien situada, corre pareja con la muralla antigua en la ribera

---

10 Véase el blog *Cosas de Córdoba*, «El jardín de las hespérides».

del río. El acueducto romano que entraba por la Puerta de Sevilla garantizaba el agua a sus huertas y jardines. Hoy son albercas bien cuidadas, donde los peces hacen la delicia de los más pequeños. Estos jardines fueron residencia de reyes a lo largo del tiempo, especialmente durante los siglos XIV al XVI, cuando la ciudad sirvió de centro militar contra el Reino de Granada, o en la rebelión de los moriscos en las Alpujarras. Su aspecto actual se diseñó en el siglo XIV por Alfonso XI, del que vamos a hablar más adelante; pero antes, por su ubicación estratégica, ya sirvió como fortaleza árabe, residencia romana o, incluso, aduana en el trasiego de las mercancías que llegaban a través de la Puerta del Puente. Esos muros encierran mucha historia. Pero vamos a empezar con lo más agradable: en esos exhuberantes jardines hubo más de una historia de amor, para comidilla de los cordobeses.

EL PLÁTANO DE JULIO CÉSAR EN LOS JARDINES DEL ALCÁZAR

Para que nos hagamos una idea, se cuenta que donde hoy se encuentran los jardines del Alcázar tuvo su residencia Julio César cuando visitó Córdoba como cuestor de Roma (65 a. C.). Fue entonces cuando plantó un plátano como símbolo de la presencia romana, un hecho que refiere el poeta Marcial en uno de sus epigramas.[11] En su memoria, el Ayuntamiento le dedicó uno de los rincones del monumento. Así nos lo contaban en *Diario Córdoba*:

> [Hay] un estanque situado casi al final de sus hermosos jardines, pegado a la pared de la derecha. Se trata de una pequeña alberca de forma rectangular, en cuyo fondo destacan varios mosaicos con peces, hipocampos y seres acuáticos de fantasía. Junto a ésta se alza un plátano, árbol de imponente

11 Marco Valerio, Marcial (1986). *De plátano cordubensi. Epigramas*. Zaragoza: IFC. Epigrama n. XLV.

tamaño que provee de sombra a los visitantes. La mayoría no suelen reparar en este coqueto rincón, ya que compite con la atractiva variedad de especies florales y las bellas fuentes configuradas en terrazas que lo rodean.

La fuente actual fue diseñada por el arquitecto don José Rebollo por encargo de la ciudad y su alcalde, don Antonio Cruz-Conde, en 1956, y en ella aún se pueden ver vestigios de los muros romanos que fueron respetados, aunque el mosaico es nuevo, en consonancia con el estilo que trata de representar. Un frondoso plátano hoy proyecta su sombra sobre la fuente. Pero justo ahí es donde hallaremos la clave de la historia que hoy deseo compartir.

En el muro situado a su lado hay un epigrama de gran tamaño inscrito en la piedra, donde se lee: «En tierras tartesas hay una casa celebérrima, allá donde la Córdoba vienta se mira en el plácido, en medio y abarcando toda la morada, se alza el plátano de César, de espesa cabellera, que la diestra feliz del huésped invicto plantó, comenzando su tronco a crecer desde su mano. ¡Oh, árbol del gran César! ¡Oh, amado de los dioses! No temas el hierro ni el fuego sacrílego. Marcial». Una primera lectura nos puede dejar un poco confusos, y es razonable que nos planteemos numerosas incógnitas: ¿A quién se refiere? ¿Es el plátano una metáfora? ¿Por qué está grabado precisamente ahí? Para despejarlas, será necesario conectar la historia antigua de Córdoba con las pistas que nos ofrece el misterioso mensaje.[12]

Cuenta esta leyenda que, cuando Julio César regresó a Córdoba tras conquistarla en su guerra contra Pompeyo, mandó arrancar el árbol por haber sido fiel a sus enemigos. Otra leyenda, sin embargo, cuenta que, muerto Julio César, el primer emperador de Roma, los habitantes de la ciudad honraban su recuerdo regando aquel árbol con vino, de ahí

12 Morales, José Manuel (30.03.2019). «El plátano de César», en *Diario Córdoba.*

su enorme frondosidad. No sabemos si el vino hacía bien al árbol, pero hay dos certezas en la historia: la primera es que no sabemos si el árbol sobrevivió ni dónde lo plantó con exactitud; la segunda, quizás más importante, que en aquel tiempo el futuro del Imperio romano y del propio Julio César se decidió en Córdoba. Lo que tampoco muchos saben es que, en la conquista de la ciudad, el futuro emperador no dio cuartel a los derrotados y fueron ajusticiados diez mil cordobeses como represalia. Pero esta es otra historia que tal vez contemos en otra ocasión. El episodio bien merecía unas líneas.[13]

En la batalla de Munda, en Córdoba, en las proximidades de Montilla probablemente, Julio César derrotó definitivamente a Pompeyo, y este hecho determinó el futuro del mayor imperio que marcaría nuestra historia y nuestra cultura en Occidente.

EL ROMANCE DE LA PRINCESA SUBH Y ALMANZOR

En estos jardines fue donde, según algún autor, nació el romance entre Subh, cuyo nombre cristiano era Aurora, esposa de Alhaken II, y el famoso Almanzor el Victorioso, Abu Amir Muhammad ibn Abi Amir al-Mansur (978-1002), el que fuera azote de los cristianos. A mediados del siglo x, Alhaken II reinaba como califa de Córdoba. Subh, de procedencia navarra, al parecer, fue hecha prisionera, pero su belleza y su cultura no tardaron en cautivar al califa, que pronto la hizo su favorita. Cuando en el 962 le dio un hijo varón, se convirtió en primera dama, desplazando a las demás esposas y adquiriendo una gran influencia y un extraordinario poder en las decisiones de gobierno. Pero

13 González Llana, Manuel (1867). *Crónica general de España. Córdoba.* Madrid: Rubio y Compañía. Pág. 15.

había una enorme diferencia de edad: ella contaba apenas con veinte años, mientras que el califa ya tenía cuarenta y seis. La proporción no auguraba nada bueno. Más tarde, le dio un segundo hijo, Hisham, y fue nombrada Sayyid al-Kubra, la Gran Señora. El califa, más dedicado a sus libros y a su biblioteca que a los asuntos de Estado, había depositado su confianza en un joven escribano, de familia noble,

Esclava cristiana (Apeles Mestres, 1884).

muy culto: Almanzor. Contaba solo 29 años cuando la Gran Señora lo nombró su mayordomo, y con su apoyo y la confianza del califa escaló hasta lo más alto, gozando de todo tipo de privilegios en la corte.

La muerte de Alhaken II precipitó los acontecimientos. Su heredero, el hijo de Subh, asumió el califato con el nombre de Hisham II, pero solo tenía once años. Se necesitaba una mano fuerte para dirigir el gobierno durante su minoría de edad, frente a los que exigían el nombramiento de Al-Mughira, hermano de Alhaken. Y ahí estaba Almanzor, que, en defensa de sus intereses y los de su amada, solucionó el problema de raíz asesinando al candidato, lo cual no dejaba tampoco de ser una práctica habitual en estos tiempos. Teníamos pues a una esposa joven, un califa muerto y un ambicioso joven, brillante y seductor, nombrado tutor del califa en su minoría de edad… Poder, ambición, amor, guerra, traición… ¿No os parece el argumento de una gran película?

Las vistas desde las murallas del Alcázar son fascinantes, como las noches mágicas de esta ciudad milenaria. ¿Os imagináis la escena? Quizás fuera aquí donde naciera el romance entre Subh y Almanzor, o así lo imagina Sánchez Adalid:

> El verano en Córdoba era sofocante, impregnado durante el día por el calor de las piedras que el sol azotaba y dominado en sus noches por el vaho cálido del Guadalquivir. Pero el aroma de los jazmines aliado con el impetuoso perfume de los arrayanes se apoderaba del aire tórrido e inmóvil, bajo un limpio y oscuro firmamento poblado de brillantes estrellas.
>
> Desde la torre de los alcázares, Abuámir contemplaba la luna llena, que se elevaba majestuosa y proyectaba su rostro plateado en el nocturno espejo del río. En el interior de los muros, los candiles de aceite que daban luz a las esquinas de los barrios nobles de Córdoba elevaban columnas de humo cargado de apetitosos olores a carnes asadas, especias, buñuelos y fritos […].[14]

14 Sánchez Adalid, Jesús (2003). *El mozárabe*. Barcelona: B. S. A. Ediciones, págs. 264 y ss.

Almanzor vio desde la torre a la princesa en uno de los patios inferiores, cuando había salido a tomar el fresco. Bajó y la invitó a subir hasta la torre para contemplar el espectáculo nocturno de la ciudad y el río, y sentir el aire refrescante. Ella accedió y quedó maravillada, después de tanto tiempo de encierro, por la brisa fresca, por el horizonte, por la presencia de aquel hombre que, ensimismado, le recitó un poema. El resto fue el apasionado romance que los mantuvo unidos durante años y que, según la novela, se consumaría en otro palacio cordobés, la Arruzafa, la que construyó Abderramán I para repetir el nombre, el estilo y los paisajes de su tierra natal en Siria. Otras novelas lo narran en tono menos romántico y mucho más pasional.[15]

Poco a poco, Almanzor fue apartando del gobierno a Hisham II, a quien mantenía en la ciudad palaciega de Medina Azahara, rodeado de placeres, con una vida regalada, alejado de todos los asuntos del califato. También fue decayendo su pasión por Subh, quien, poco a poco, fue siendo relegada por las esposas de su amante. Los intereses políticos llevaron a Almanzor a crear alianzas matrimoniales y tuvo sus propios hijos, en los que puso la ambición de una sucesión que relevara a la dinastía omeya por la propia: ese era su sueño. Cuando puso guardias bereberes para evitar que el joven califa y su madre salieran del palacio, confinados en Medina Azahara, Subh lo tuvo claro, blanco sobre negro: le plantó cara y orquestó una rebelión contra el que fuera su amante, para lo que recabó el apoyo de Ziri Ben Atuya, virrey de África. Pero Almanzor, informado por sus espías, desmanteló la rebelión y postergó definitivamente a Subh, que no volvió a aparecer en público hasta un desfile en el año 998. En aquel evento, formó parte del cortejo de Almanzor y caminó a cara descubierta, sin velo, por las calles de Córdoba. Este hecho en sí mismo resultaba insólito, tanto que no sabemos si constituyó un acto de rebeldía o una imposición para degra-

15 Por ejemplo, véase Lasala, Magdalena (2006). *Almanzor. El gran guerrero de Al-andalus*. Barcelona: Ediciones Folio.

darla ante la muchedumbre que aclamaba el paseo triunfal de Almanzor, el llamado Victorioso. Su muerte sobrevino antes que la de su antiguo amante, en soledad y aislamiento, postergada por la derrota. Lo curioso es que nunca llegara a dictarse contra ella una orden de ejecución a pesar de su traición. ¿Sería que Almanzor aún sentía amor hacia ella, agradecimiento por su apoyo, miedo a una revuelta popular? El tema no deja de ser motivo de especulación para la imaginación febril de los novelistas. No todas las historias acaban bien. Pero está claro que este romance marcaría la historia de España y la del monumento de la Mezquita-Catedral, como veremos más adelante, porque esa es ya otra historia.

EL ROMANCE DE ALFONSO XI Y DOÑA LEONOR DE GUZMÁN

Nos saltamos ahora algunos siglos para adentrarnos en otro de los amoríos más sonados en la Córdoba medieval, que fue el del rey Alfonso XI y doña Leonor de Guzmán; un romance que tendría serias repercusiones también en la historia de nuestro país.

Alfonso XI contaba solo un año cuando murió su padre, Fernando IV, pero logró reinar gracias a la magnífica gestión política de su abuela, doña María de Molina. De él nos queda esta descripción: «Fue el rey don Alfonso non muy grande de cuerpo, mas de buen talante, et de buena fuerza, et rubio et blanco, et venturoso en guerras».[16] El caso es que se enamoró en Córdoba de una viuda joven, bellísima e inteligente, doña Leonor de Guzmán. A sus atributos personales se sumaba la nobleza de sus orígenes, pues era nada menos que descendiente de don Alonso Pérez de Guzmán,

---

16 «Crónica de Alfonso XI», en Rosell, Cayetano (ed.) (1953), *Crónicas de los reyes de Castilla: desde Don Alfonso el Sabio, hasta los Católicos Don Fernando y Doña Isabel*. Madrid: Atlas. Vol. 1, pág. 203.

más conocido como Guzmán el Bueno; ese que, durante el reinado de Sancho IV, allá por 1294, en el sitio de Tarifa, cuando le dieron a elegir entre la muerte de su hijo o la rendición de la plaza, arrojó desde las murallas la daga con la que degollar a su propio hijo. Así se las gastaba el que fuera fundador de la casa de Medina Sidonia.

Tenía el rey solo 18 años cuando la conoció, estando aún soltero. Y el encuentro entre ambos se sitúa, precisamente, en estos jardines del Alcázar, durante una fiesta organizada para la recepción del monarca. Las infidelidades estaban muy normalizadas entre la nobleza, ya que los matrimonios se pactaban por conveniencia. El amor era otra cuestión, de ahí que las relaciones amorosas fuera del matrimonio se tuvieran como más puras en el amor cortés, ideal caballeresco durante el Renacimiento. No obstante, era contrario a la moral católica, por lo que hubiera convenido guardar las apariencias, lo que no se hizo en este caso. En la *Crónica* escrita por Fernán Sánchez de Valladolid se justifica el adulterio por el deseo del monarca de tener descendencia, lo que no lograba con su esposa y prima María de Portugal, al menos en un principio.

El romance fue sonado dentro y fuera de España, tanto que se llegó a nombrar a doña Leonor como la «concubina del rey de Castilla» en alguna correspondencia; incluso hay constancia de que la Santa Sede intervino conminando al rey para que abandonara a su amante. Pero nada de esto sirvió. Don Alfonso mantenía apartada a su esposa legítima, doña María, en el monasterio de San Clemente, en Sevilla, mientras residía con doña Leonor en Córdoba con toda su corte. Aquello, como no podía ser de otra forma, era pólvora para los enemigos del rey, uno de los cuales, el famoso infante don Juan Manuel, llegaría a calificarla como «mala mujer». ¿Quién le hubiera dicho al autor de *El conde Lucanor* que su hija Juana acabaría casándose con un hijo de doña Leonor para convertirse en reina de Castilla? Ironías de la historia.

Alfonso XI tuvo dos hijos con su esposa: don Fernando, que murió al poco de su nacimiento, en 1332, y don Pedro

(1334-1369), que heredaría el trono como Pedro I. Pero fueron muchos más los que tuvo con su amante: doña Leonor le dio hasta diez hijos, de los cuales nueve fueron varones. Si su amor fue verdadero o no, juzgadlo vosotros. Se mantuvieron juntos hasta el momento mismo de la muerte del monarca, durante veinte años. En todo ese tiempo, su amante fue donde él iba y actuó como enamorada, amiga y consejera. A ella se le atribuyen buena parte de las decisiones del monarca durante su mandato.

El final de doña Leonor no pudo ser más trágico. Don Alfonso murió de peste durante el cerco de Gibraltar (1350), lo que se interpretó como un castigo divino por su vida licenciosa. Cuando doña Leonor regresó con el cadáver del rey a Sevilla, fue apresada por Pedro I y, al año siguiente, murió asesinada por orden de su eterna rival, la reina madre, doña María de Portugal, quien jamás le perdonó la humillación que le supuso en vida. Esta fue la primera tragedia del que más tarde sería apodado Pedro I el Cruel, pues así lo era para muchos, pero también el Justiciero, como opinaban otros. La muerte de doña Leonor no quedó impune, pues la venganza vendría de la mano de su tercer hijo, don Enrique de Trastámara. Pero esta ya es otra historia, ¿verdad?

Fue tanta la vinculación de Alfonso XI con Córdoba que quiso ser enterrado en esta ciudad, y su cuerpo se depositó en la Catedral, junto al sepulcro de su padre. Más tarde, fueron trasladados sus restos a la iglesia de San Hipólito, colegiata fundada por él en 1343, en conmemoración de la batalla del Salado, donde aún hoy podéis ver su sarcófago en mármol rosa, a la izquierda del altar, con una corona dorada sobre la losa que lo cubre.

Quizás sea doña Leonor ese fantasma que algunos dicen haber visto deambulando por los jardines del Alcázar, en las noches de luna llena, al que llaman la Dama Blanca, con traje antiguo de velos vaporosos, que se mueve sin tocar el suelo, sin mostrar el rostro, unas veces por las torres y murallas y otras contemplando los estanques, arrullada por el rumor de las aguas. Si alguna alma ha quedado atrapada entre sus muros, quiero pensar que ha sido la de esta mujer consumida de amor y trágicamente asesinada. Aunque quizás, como le ocurrió a Gustavo Adolfo Bécquer, sea tan solo un reflejo de la luna en las oscilantes aguas de los estanques que nos invita a soñar.

Una historia digna de la mejor película o la mejor novela, y, como no podía ser de otra forma, no ha pasado desapercibida en el arte, convertida en toda una ópera que también tuvo su propia historia. Quizás te apetezca conocer cómo fue estrenada en Madrid y protagonizada siglos más tarde por la que también era la amante del monarca de España. Toda una ironía, ¿no os parece?[17]

LOS REYES CATÓLICOS EN EL ALCÁZAR DE LOS REYES CRISTIANOS

No menos importante fue el romance de los Reyes Católicos, que visitaron con cierta frecuencia nuestra ciudad. Aunque estos ya venían enamorados del norte. La visita más prolongada de los reyes de Castilla y Aragón, durante la preparación del asedio a Granada, ocurrió entre 1482 y 1488. Y fue precisamente en el Alcázar donde se alojaron. Y debían estar bien avenidos porque fue aquí donde nació la cuarta de sus hijas, la infanta doña María (1482), que, con el tiempo, sería reina de Portugal, y fue aquí donde, según se cuenta, recibieron a Cristóbal Colón en lo que hoy es el Salón de los Mosaicos, y también donde se orquestó el viaje que daría lugar al descubrimiento de América —por cierto, que también Cristóbal Colón, mientras aguardaba a ser recibido por los Reyes Católicos, alojado en el antiguo convento de la Merced, tuvo sus devaneos con una cordobesa, doña Beatriz Enriquez de Arana, una mujer de origen humilde, hija de unos labriegos

17 Gaetano Donizetti compuso en 1840 la ópera *La favorita*, inspirada en esta historia.

de las cercanías. Fruto de esta relación nacería Hernando Colón, su hijo ilegítimo—.[18]

Colón ante los Reyes Católicos (Apeles Mestres, 1884).

18 Esta primera entrevista es discutida por quienes afirman que tuvo lugar en Alcalá de Henares, siguiendo la *Crónica* de Hernando del Pulgar, muy próxima a los hechos —1490—. Sin embargo, hay quien afirma que Colón permaneció en Córdoba hasta el regreso de los reyes y es una tradición fuertemente arraigada en la ciudad. La historia del hijo bastardo del almirante también es digna de una gran película. Os recomiendo la lectura de la obra de Valdivieso Fontán, Manuel (2021). *Hernando Colón. El bibliófilo que se enfrentó al emperador.* Córdoba: Almuzara.

La reina Isabel era una mujer de armas tomar, no en balde la leyenda de «Tanto monta, monta tanto Isabel como Fernando». Junto a las murallas del Alcázar de los Reyes Cristianos, aledañas al río, existe un molino movido por una enorme noria: el molino de la Albolafia. Al girar, esta producía un chirrido que, al parecer, no dejaba dormir plácidamente a nuestra reina; así que, ni corta ni perezosa, ordenó desmontarla para poder descansar tranquila. Y así se quedó, y el molino, abandonado. Hoy la noria es un icono de la ciudad y podemos encontrarla en su escudo, que nos ofrece la perspectiva desde la Torre de la Calahorra, pero la realidad es que no volvió a montarse hasta siglos más tarde, en 1965, y, desde entonces, no ha gozado de buena salud, aunque su imagen sigue estando presente.

Otra de las historias que cuentan es cómo la reina gustaba de pasear por el torreón y los adarves de las murallas del Alcázar. Era todo un acontecimiento para la ciudad y, por lo visto, las mujeres se reunían y agolpaban para verla deambular por el recinto o salir y entrar en el castillo. A la reina le extrañó que las cordobesas permanecieran allí mano sobre mano, expectantes, como si no tuvieran otra cosa que hacer en todo el día, y, sin pelos en la lengua, les preguntó directamente qué hacían merodeando y no ayudando a sus maridos en el trabajo. La respuesta que obtuvo le resultó totalmente impertinente: «Era obligación de los maridos llevar el pan a la casa para alimentar a sus hijos». La reacción de la reina no se hizo esperar y promulgó una ley, la «Ley de las mujeres holgazanas», por la que condenaba a las cordobesas a no heredar de sus maridos al no haber colaborado con ellos en el trabajo necesario para conseguir sus bienes. Lo más curioso del caso es que esta ley solo estaba vigente en Córdoba capital, por lo que muchas parejas optaban por contraer matrimonio extramuros para no estar sujetos a ella. Puede que os extrañe saber que esta ley estuvo en vigor durante siglos, hasta ser abolida a principios del siglo XIX por Carlos IV. Será que las cosas de palacio, para algunos asuntos, van muy muy despacio.

Cuando los Reyes Católicos conquistaron Granada, se hizo innecesaria su estancia en Córdoba. Así pues, la importancia militar de la ciudad decayó y cedieron el Alcázar a la Santa Inquisición. A partir de entonces, se constituyó en sede y cárcel de la institución.

LA PÁGINA NEGRA DE LA INQUISICIÓN EN CÓRDOBA

Convertido en sede de la Santa Inquisición, en el Alcázar se celebraron juicios, se realizaron interrogatorios, se infligieron torturas y funcionó también como cárcel inquisitorial. La institución, aunque invariablemente asociada a España por la leyenda negra, en realidad tuvo su nacimiento en Francia, pues se fundó hacia 1184 en la zona de Languedoc para combatir a los cátaros. A España llegó primero por Aragón (1249) y ya a finales del siglo XV, con la unión de Castilla y Aragón, las Reyes Católicos la implantaron en toda España para perseguir la herejía. Estamos en una época en la que se impone la idea de «imperio» sustentada en los principios de Maquiavelo: «Un poder, una lengua, una religión». Y aunque la Inquisición en nuestro país tuvo muchas menos consecuencias trágicas que en otras zonas protestantes o anglicanas, a nosotros nos tocó llevar la fama, quizás por las leyes de expulsión de judíos y moriscos, así como por la persecución llevada a cabo por los Reyes Católicos, o quizás porque éramos el «imperio» a combatir en esa guerra de religiones y poder que se libró en Europa durante siglos.[19] Pero esto no quita que tuviéramos en Córdoba nuestra particular tragedia que forma parte de esa leyenda negra y con razón. Una historia cuyo mero recuerdo hace temblar al más valiente y raya en la locura.

19 En este sentido, es esclarecedor el libro de Roca, María Elvira (2021). *Imperofobia y leyenda negra.* Madrid: Editorial Siruela.

La Inquisición se creó en Córdoba en 1482, una vez cedido el edificio del Alcázar, sirviendo de cárcel, como ya hemos mencionado, para todos aquellos procesados por el Santo Tribunal, que persiguió delitos como la blasfemia, la brujería, la bigamia o las herejías relacionadas con falsas conversiones o posturas simpatizantes con el protestantismo en contra de la Santa Sede. Fue así como el terror llegó a nuestra ciudad de la mano del inquisidor don Diego Rodríguez Lucero, fanático iluminado que, en su persecución obsesiva, sería el protagonista probablemente de la historia más lúgubre, cruel y tétrica de la Inquisición en España e incluso, tal vez, en Europa.

Las denuncias eran frecuentes, a veces por causas irrisorias, como el lavarse, considerado como una práctica propia de judíos y musulmanes. Otras veces, los intereses políticos o comerciales propiciaban estas acusaciones. Resultaba una buena técnica para quitarse de en medio a la competencia. Los que eran procesados ingresaban preventivamente en las llamadas cárceles secretas, ubicadas aquí en el Alcázar de los Reyes Cristianos, y en ellas permanecían los arrestados hasta que su caso fuera investigado, juzgado y sentenciado por el tribunal. Las celdas eran pequeños cubículos donde cabían una o dos personas a lo sumo, situados alrededor del patio central, en algún patinillo e incluso en las torres, en cuyas paredes los visitantes curiosos aún pueden ver las huellas que dejaron los presos en su desesperación. La clave para un buen interrogatorio era el aislamiento y la desinformación del recluso, que no podía mantener ningún contacto con el exterior, una práctica común en Europa y que se prolongaría durante siglos. Estaban condenados a una soledad inquietante por lo incierto de su duración, dado que los procesos podían eternizarse. Y todo ello, en unas condiciones pésimas, infrahumanas, en cuanto a higiene, comida o sueño, para lo que bastaba un simple jergón en el suelo. A veces, incluso el agua les hacía falta. Hoy resulta inimaginable el sufrimiento infligido en estas condiciones.[20] Así lo imagina y describe Ildefonso Falcones:

> [...] desde hacía tiempo, todos los dineros que llegaban al tribunal para la conservación del lugar eran defraudados por los inquisidores para sus gastos personales, por lo que las instalaciones se habían ido degradando progresivamente y allí donde debía haber habitaciones, salas, secretarías y archivos, se emplazaban gallineros, cuadras y hasta lavanderías de paños cuyos productos vendían sin la menor vergüenza los criados de los inquisidores en la puerta que daba al Campo Real. Las condiciones higiénicas del alcázar, entre animales y suciedad, cárceles insalubres y dos lagunas de aguas estancadas y putrefactas que se emplazaban en el linde que daba al Guadalquivir, llegaron a dar pábulo a la leyenda de que todo el que vivía en el alcázar enfermaba hasta morir.[21]

Al terror de la prisión y el aislamiento hay que sumar el pánico a ser torturado para obtener la confesión que los llevaría al cadalso. Tanto es así que algunos llegaban a suicidarse para evitar el sufrimiento inexorable impuesto por el Tribunal en los procedimientos. Las crónicas nos han dejado constancia de algunos casos, como el de un judío, Alonso López de Acuña, que prefirió ahorcarse en su celda la noche antes de pasar por el suplicio.[22] En su persecución de la herejía, don Diego Rodríguez Lucero no tuvo descanso, y su celo fue tanto que culminó en el fatídico auto de fe celebrado el 22 de diciembre de 1504. En ese día, en esos jardines que hoy veis adornados por el monumento a los enamorados, flanqueado por coches de caballos, fueron quemadas vivas 107 personas, condenadas por falsos conver-

---

20 Cuadro García, A. C. (2005). «Las cárceles inquisitoriales del Tribunal de Córdoba», en *Hispania* LXV/2, págs. 443-464.

21 Falcones, Ildefonso (2009). *La mano de Fátima*. Barcelona: Grijalbo. Págs. 484-485.

22 AA. VV. (2002), *op. cit.*, pág. 219. Caso en que un judío, por no declarar sus delitos y los cómplices, se mató él mismo.

sos, es decir, judíos que fingían su conversión pero seguían practicando sus ritos en secreto.[23]

Lo que en principio era un espectáculo grotesco para la población que jaleaba las ejecuciones, llegó a tal punto de horror que causó el hartazgo y la repulsa colectiva de un pueblo ahíto de cuerpos quemados; un pueblo aterrorizado por la posibilidad de ser el siguiente en arder en la hoguera. La crueldad sin límites del inquisidor desembocó finalmente en un levantamiento popular respaldado por los propios nobles de la ciudad. Alzados en armas, los cordobeses asaltaron la prisión del Alcázar en noviembre de 1506 y lograron liberar a los presos retenidos, más de 400.

Así nos lo cuentan las crónicas:

> [...] apellidaron los beçinos y de mano armada entraron por los alcáçares y prendieron a un fiscal y un notario, abrieron las cárçeles y echaron fuera todos los presos y mataron a el inquisidor si no se juiera por la guerta de la inquisiçión. Publicaron en andaluçía estos señores que las injustiçias del inquisidor dieron ocasión a su cólera y no miraban el daño que haçían a las cossas de la fe y rrelijión aunque el desacato y el rruido fue tan grande como fue a boz y pendón de çiudad y obligando a todos los menores de sesenta años a tomar las armas contra el inquisidor y las causas deste alboroto fueron tan grandes y todos sus deudos estavan tan enparentados en castilla, todo se hiço de noche.[24]

No se llegó a esto de la noche a la mañana. Se denunciaron previamente las amenazas y falsos testimonios que valieron al inquisidor para lograr las detenciones masivas y las condenas. Don Gonzalo de Ayora fue el encargado de pre-

23 Hay quien sitúa el evento en la plaza de la Corredera, un lugar que tampoco debéis dejar de visitar, donde no solo se celebraron autos de fe, sino también corridas de toros para esparcimiento de los cordobeses. El nombre de algunas de las calles aledañas y algunas crónicas así lo acreditan.

24 Cuadro García, A. C. (2003). «Acción inquisitorial contra los judaizantes en Córdoba y crisis eclesiástica (1482-1508)», en *Revista de Historia Moderna*, 21, págs. 11-28.

sentar los cargos ante el propio rey Fernando el Católico. También apelaron al inquisidor general y, en vista de que no obtenían resultados, dirigieron las denuncias ante el mismo papa, Julio II. Pero nada de esto valió, pues don Diego Rodríguez contaba con el respaldo del inquisidor general, don Diego de Deza, y del propio rey Fernando, que llegó a escribir personalmente hasta dos cartas al papa defendiendo la labor del inquisidor en Córdoba. No sabemos en qué podría haber acabado la historia de no ser por dos acontecimientos que vinieron a traer la solución: la desaparición de la escena del inquisidor general don Diego de Deza y el desembarco en España de Felipe I con doña Juana, herederos de la corona y padres del que sería el emperador de Occidente. A raíz de esto, la situación dio un giro que permitió que se iniciaran los procesamientos contra los excesos inquisitoriales. Todo ello llevó a que don Diego Rodríguez fuera procesado y trasladado de Córdoba.

Prisión de la Inquisición en Córdoba
(J. C. Armytage y David Roberts, siglo XIX).

A partir de entonces, las persecuciones, los procesos y las condenas se relajaron, y el ambiente en la ciudad recobró la normalidad. En la retina de muchos cordobeses debía pesar el sufrimiento de aquellos condenados que caminaban desde las cárceles del Alcázar de los Reyes Cristianos hasta el Campo Santo de los Mártires proclamando su inocencia:

> [...] quando quemó los 107 hombres [se refiere a Lucero], yban los 13 llamando a Dios y a la Virjen que los perdonase y diciendo que jamás tal pecado de erejía cometieron, y llamauan escribanos que les diesen testimonio como morían Cathólicos Xriptianos y en la Fee de JesuChristo [...].[25]

Las huellas del cautiverio y del sufrimiento de estas víctimas, seguro que muchas de ellas inocentes, las podemos ver todavía, como hemos dicho, en las señales grabadas en los muros del Alcázar, cruces que son símbolos, «cifras que son fechas», que diría Antonio Machado.[26]

Hoy nos sorprende que tales hechos pudieran suceder, pero en aquella época, en aquel ambiente, existía una fortísima corriente antisemita, mucho más desde la expulsión de los judíos y moriscos. Para hacernos una idea solo apuntaremos otra nota histórica de nuestra ciudad. Si paseáis desde la Mezquita-Catedral hacia la plaza del Potro, cuya posada es nombrada por don Miguel de Cervantes —quizás la plaza renacentista más bella de Córdoba—, al pasar de la calle Cardenal González a la calle Lucano, atravesaréis por la plaza de la Cruz de Rastro. Toma su nombre de una humilde cruz de hierro sobre pedestal que allí pasa desapercibida a los visitantes que no conocen la historia. Conmemora una sangrienta revuelta provocada por un desgra-

---

25 Gracia Boix, Rafael y Cuenca Toribio, José Manuel (1982). *Colección de documentos para la historia de la Inquisición de Córdoba.* Córdoba: Monte de Piedad y Caja de Ahorros de Córdoba. Págs. 31-79.

26 En la calle Manríquez, en el número 1, se abrió una Galería de la Inquisición, donde se exponían los instrumentos de tortura utilizados. Sin embargo, actualmente no es visitable.

ciado accidente ocurrido durante una procesión en que el pueblo acusó a los judíos de profanar la imagen de la Santísima Virgen. Un niño vació un orinal por la ventana, como era práctica habitual en casas sin patios ni letrinas, con tan mala fortuna que los excrementos fueron a dar en el manto de la Virgen, que estaba siendo procesionada. Con una furia ciega, el pueblo se tomó la justicia por su mano ante aquella profanación, asaltó las casas de supuestos judíos y los acuchillaron indiscriminadamente. Aquella revuelta pudo ser sofocada después de tres días. Cuentan que fueron tantos los muertos, tanta la sangre derramada, que, como la calle está en pendiente, formó un arroyuelo que llegaba hasta el río. Y en memoria de esta atrocidad, de tantas víctimas, se erigió aquella cruz, para que no quedara en el olvido ni se repitiera un episodio semejante. De los hechos, de sus protagonistas, queda constancia en las crónicas antiguas.

Entre las Caballerizas Reales y el Seminario Mayor

LAS CABALLERIZAS REALES: EL NACIMIENTO DEL CABALLO ESPAÑOL

A la derecha del Alcázar de los Reyes Cristianos encontraréis otro monumento maravilloso. Se trata de las Caballerizas Reales. Durante mi infancia y juventud, cuando pasábamos frente a la puerta, justo antes del arco de la antigua muralla que daba acceso al barrio de los ballesteros, hoy San Basilio, veíamos a los soldados haciendo guardia. El edificio era propiedad del Ejército, cuartel de Caballería, que estuvo ahí hasta 1992, cuando se trasladó a Écija. Hoy se puede visitar el recinto y hay espectáculos ecuestres que son dignos de admiración. Durante la época musulmana, con Alhaken I ya se tiene constancia de una yeguada militar destinada a la cría del caballo de pura raza. Esta tradición no solo se mantuvo tras la conquista de la ciudad, sino que se propició cuando, más tarde, Felipe II ordenó la creación de unas Caballerizas Reales donde se seleccionaran los mejores animales para la cría. Durante los años 1565 a 1567, el monarca destinó 8000 ducados a la empresa. Así nació el caballo andaluz (o español, si lo preferís). Un animal soberbio, pensado más para la paz que para la guerra:

> A los cristianos ya no les sirven los pesados y ariscos caballos de guerra [...]. Los nobles necesitan caballos con los que lucirse en sus paseos, sus fiestas, sus juegos de cañas o sus juegos de toros. Tengo entendido que eso es lo que buscan: el perfecto caballo cortesano.[27]

Recientemente, las Caballerizas pasaron a ser propiedad del Ayuntamiento y se ha recuperado para la ciudad un lugar histórico de una belleza extraordinaria, si bien lo que podemos hoy observar ya no es el edificio original que fue destruido por un incendio en 1734. No obstante, su estilo, su ambiente, su perspectiva son tan sorprendentes que a Federico García Lorca le pareció una «catedral para caballos»[28]. Bien merece la pena asomarse un poco a la puerta y mirar hacia la izquierda para sumergirse en otras épocas, aunque nos falten los relinchos, los resoplidos, el tintinear de los cascos... y ese olor tan característico a estiércol y paja que durante siglos inundó la calle.

EL SEMINARIO MAYOR DE SAN PELAGIO

Seguimos nuestro paseo camino de la Mezquita-Catedral por la calle Amador de los Ríos. A vuestra derecha veréis un largo edificio, aquí observamos el equilibrio propio de las fachadas renacentistas. Se trata del Seminario Mayor San Pelagio, al que recientemente se le ha añadido la función de Casa Sacerdotal, donde antes existió la Facultad de Magisterio de la Iglesia. Allí estudió la carrera la que es mi esposa y, a sus puertas, iba a recogerla a la salida de las clases o acudía allí para estudiar con ella en la biblioteca. Los recuerdos se amontonan entre esas paredes. El edificio actualmente se

27 Falcones, Ildefonso (2009), *op. cit.*, pág. 353. Por cierto, será una parte muy importante en el desarrollo de la trama de su novela.

28 Górriz, Rocío (6.06.2023). «El edificio de Córdoba que enamoró a Federico García Lorca». *El Día de Córdoba.*

extiende hasta la plaza del Triunfo de San Rafael y el Arco de la Puerta del Puente.

Pero esto no siempre fue así. El Seminario Mayor se creó en 1583 gracias al obispo don Antonio Mauricio Pazos y Figueroa, quien lo hizo siguiendo las directrices del Concilio de Trento. En principio era mucho más pequeño, pero poco a poco se transformó en un lugar de referencia, y solicitó y obtuvo ampliaciones sucesivas. Entre ellas, la más impor-

Monje en actitud de orar (Apeles Mestres, 1884).

tante fue la autorizada por el rey Felipe II sobre los terrenos que permitirían el que casi llegara a la Puerta del Puente (1583), el llamado Campillo del Rey. En su día, tomó el nombre de San Pelagio, en memoria de un mártir que entregó su vida en el Campo Santo de los Mártires allá por el año 925.

San Pelagio fue uno de los prisioneros que llegaron a Córdoba, junto con su tío, el obispo de Tuy, Ermogio, tras la derrota cristiana en la batalla de Valdejunquera (920). Contaba entonces solo diez años de edad. Su tío fue liberado y debía ocuparse del rescate de su sobrino, pero este nunca llegó, por lo que permaneció como rehén durante años. En este tiempo, no dejó de predicar el Evangelio e inspirar con su determinación a los demás prisioneros cristianos. Al parecer, su inteligencia y buena presencia llamaron la atención de sus vigilantes, que lo comentaron con el califa, lo que despertó su curiosidad y quiso conocerlo personalmente.

Cuentan que fue llevado a su presencia bien vestido para la ocasión, y era tal su belleza que avivó en Abderramán III deseos lujuriosos; sin embargo, por mucho que este trató de seducirlo, Pelagio nunca cedió a sus requerimientos. Los intentos del califa porque abdicara de su fe fueron igualmente infructuosos, a pesar de las presiones y las torturas a las que fue sometido. Sus predicaciones y su ejemplo hacían que cada vez tuviera más acólitos entre los mozárabes cordobeses, por lo que empezó a ser motivo de preocupación para las autoridades. Ante la imposibilidad de obtener de él nada de lo que se pretendía, se acabó ordenando su ejecución. Unos cuentan que, en principio, esta consistió en arrojarlo maniatado al río desde las murallas del Alcázar, pero cayó y quedó ileso, para asombro de sus verdugos. El hecho en sí era considerado peligroso, porque podía exaltar aún más la fe de los mozárabes en un momento delicado de equilibrio, por lo que se optó por cortarle la cabeza. Otras fuentes cuentan, sin embargo, que murió descuartizado y sus restos fueron arrojados al río; restos que los cristianos recogieron y sepultaron en el templo de San Ginés, excepto la cabeza, que fue llevada a la iglesia de San Cipriano.

Con el tiempo, sus reliquias fueron reclamadas por los reinos cristianos; de ello se ocupó doña Elvira, monja hermana de Sancho el Craso, quien, curiosamente, había sido tratado de su obesidad en la corte del califa. Los restos se trasladaron a León en el año 967 y, más tarde, a Oviedo. Ya en 1794, desde el monasterio de San Juan Bautista, el fraile benedictino Juan de Ron y Valcárcel autorizó el traslado a Córdoba de una reliquia del santo que se conserva en la capilla del seminario.[29]

EL PALACIO EPISCOPAL

A la izquierda veréis la imponente fachada del Palacio Episcopal, antigua residencia de los emires y califas de Córdoba, que fue cedida a la Iglesia por Fernando III el Santo y, desde entonces, ha sido sede de los sucesivos obispos. En su época ocupaba mucho más espacio, y los jardines incluían el Campo Santo de los Mártires, con sus baños, y el castillo que hoy es el Alcázar, con sus huertos, sus árboles y albercas. Muchas han sido las ampliaciones y reconstrucciones que se han llevado a cabo en él a lo largo de los siglos. Pero quiero ahora llamar vuestra atención sobre la última que ha puesto en valor el llamado Patio de Carruajes o de San Eulogio.

Muy recientemente se ha reformado este espacio con idea de que sirva como punto de recepción de los visitantes que vienen a la Mezquita-Catedral. En él se ha instaurado un centro *gourmet* donde se pueden degustar productos de la tierra frente a una buena jarra de cerveza o un medio de vino de Montilla-Moriles. Está gestionado por Bodegas Campos, todo un clásico en la gastronomía de nuestra ciudad. Resulta un sitio ideal para descansar un rato antes de continuar la visita. Pero lo que lo hace excepcional, para mí, es el haber

29 Si te interesa esta historia, te divertirá leer *El viaje de la reina*, de Ángeles de Irisarri (Salamanca: Editorial Salamandra, 2002).

habilitado una terraza visitable desde donde poder apreciar las mejores vistas del casco antiguo: la Puerta del Puente, el Puente Romano, el Triunfo de San Rafael, las techumbres de la Mezquita-Catedral y su torre... Aparte del propio edificio, si miramos hacia el interior, tenemos esa perspectiva renacentista del patio del Palacio Episcopal, con la Fuente del Elefante y sus galerías. Es un panorama que nos absorbe. Eso sí, para apreciarlo, tendrás que subir los sesenta y un escalones de acceso. Pero, si eres aficionado a la fotografía, no debes perderte este espectáculo ni esta oportunidad.

Uno de sus tesoros quizás más desconocidos es la biblioteca, aunque no siempre ha sido bien cuidada a lo largo de los siglos en opinión de Ramírez de Arellano. Estuvo abierta al público en algunas épocas; en otras, cerrada. A decir de nuestro autor,

> [...] la han descuidado por completo, dejando apolillarse los libros y siendo causa de la pérdida de no pocos. Pero a ninguno [se refiere a los obispos] se le ha ocurrido pedir que se le nombre un Bibliotecario del Cuerpo General.[30]

Sobre su origen e importancia nos comenta:

> Cuando la expulsión de los Jesuitas, no faltó quien rogase al Rey que la rica biblioteca de su colegio se destinase para instrucción de la juventud cordobesa, accedió a ello aquel Monarca, y el Obispo D. Agustín de Ayestarán y Landa se ofreció a costear local donde pudiera establecerse; al efecto, como antes indicamos, encargó el plazo y dirección al arquitecto D. Ventura Rodríguez y se construyó la crujía que hay desde la esquina hasta la parte del palacio destinada a cárcel de sacerdotes, estableciéndose la biblioteca, ampliada después por otros prelados como el Sr. Caballero y Góngora, que hasta dejó algunas de sus obras inéditas, que ya debieran haberse publicado, y el señor Trevilla, que con su incansable celo logró llevar allí las obras

30 Ramírez de Arellano, Teodomiro (2017). *Paseos por Córdoba.* 1873-1877. Córdoba: Red Municipal de Bibliotecas de Córdoba. Pág. 126.

encontradas en el Archivo de la Inquisición, ejemplares estimadísimos, unos por lo desconocidos y otros por las anotaciones hechas por el Santo Oficio.[31]

Ya entonces, el autor hablaba de más de once mil volúmenes. Afortunadamente, la situación ha cambiado y hoy puede visitarse y consultar sus magníficos fondos conservados, entre los que destacan su colección de incunables. Si eres un aficionado bibliófilo, no dejes de visitarla, tiene el acceso desde la misma calle.

Su emplazamiento y sus características, medio fortaleza, medio palacio, con sus extraordinarios jardines, lo hicieron protagonista de la historia en no pocas ocasiones. Algo tiene que ver con la caída de los visigodos cuando Rodrigo, el rey derrotado en la batalla de Guadalete, lo habitó siendo gobernador de la Bética. Su carácter impulsivo no solo quedó reflejado en su pasión por Florinda la Cava, a la que forzó, según los romances, lo que determinó la traición del conde Olián, gobernador de Ceuta y padre de la muchacha, como venganza por la afrenta sufrida.

También existe una historia mágica que anticipaba el desastre del monarca y la derrota de los visigodos, y que tiene que ver con una leyenda mítica, la del tesoro de Hércules.

En Toledo, la capital por entonces del reino visigodo, se cuenta que había una casa permanentemente cerrada donde Hércules guardó sus tesoros después de robar los toros de Gerión, uno de sus trabajos que se sitúa en España, en la isla de Eritia, localizada allí donde el mar se encuentra con el océano, es decir, en el reino de los Tartessos. Las columnas de Hércules, en el estrecho de Gibraltar, forman parte del escudo de Andalucía. ¿Curioso? Pero nadie podía entrar en aquella casa porque, de hacerlo, se desataría una enorme maldición. Cada uno de los reyes, al subir al trono, respetó la tradición y añadió un nuevo candado a la puerta, y así se hizo hasta que llegó Rodrigo. En su soberbia, tachó

31 *Ibidem*, pág. 127.

de superstición la leyenda y quiso hacerse con los tesoros allí custodiados. Pero, al penetrar en la casa, solo encontró un pergamino con una advertencia que decía así: «El rey que abra esta casa y ponga al descubierto las maravillas que contiene encontrará cosas buenas y malas». Sobre una simple mesa de madera había una caja sencilla. Cuando la abrió, encontró en su interior otro pergamino con unas gentes dibujadas de aspecto inquietante, iban vestidos con extraños ropajes y tenían los rostros negros. Bajo la imagen, otra leyenda rezaba: «Por esta gente será en breve destruida España». Y aunque solo el rey pudo verlos, es fácil imaginar que precisamente fuera esta la impresión que los invasores causarían a las huestes visigodas según recoge Alfonso X en su *Crónica General*:

> Los moros de la hueste [iban] todos vestidos de sirgo y de los paños de color [...], las riendas de los sus caballos tales eran como de fuego, las sus caras dellos negras como la pez, el más hermoso de ellos era negro como la olla, así lucían sus ojos como candelas; el su caballo dellos libero como leopardo y el su caballero mucho más cruel y más dañoso que es el lobo en la grey de ovejas en la noche.[32]

Otra anécdota digna de mención es que el Palacio Episcopal haya servido de residencia y también de salón de audiencias a no pocos reyes. Entre ellos hay un episodio importante para la historia de España: la liberación de Boabdil, el último rey de Granada, por los Reyes Católicos. Boabdil fue apresado en dos ocasiones. La primera de ellas, en Lucena, un precioso pueblo a unos setenta kilómetros de Córdoba.

Sucedió que se habían producido algunas victorias de las tropas musulmanas frente al ejército cristiano. La moral de la población granadina estaba en lo más alto, pero los artífices de estas victorias fueron el sultán Muley Hacén y el Zagal,

---

32 Alfonso X el Sabio (1980). *Primera Crónica General*. Madrid: Espasa-Calpe. Págs. 558-559.

padre y hermano respectivamente de Boabdil. Y se dieron en un momento de tensiones y guerras civiles en el reino de Granada. Y la causa por la que el hijo, Boabdil, se levantó contra el padre tuvo su origen en un asunto de faldas, como en tantas ocasiones. El caso es que Muley Hacén relegó a la madre de Boabdil, Aixa, por una cristiana, Isabel de Solís, renombrada como Zoraida al abjurar de su fe. El poder entre los musulmanes no era hereditario, sino que el emir o el califa tenían la potestad de elegir a su sucesor entre su descendencia, manteniendo siempre la línea de sangre. Esto quería decir que cualquier hijo varón podría ser nombrado para la sucesión. Esto acarrearía en el tiempo no pocos problemas. Las intrigas entre las esposas y concubinas del emir o del califa estaban servidas para encumbrar a sus vástagos, y Zoraida jugó también sus cartas, logrando que Muley Hacén ordenara ejecutar a algunos de los hijos habidos con otras concubinas que podían estorbar a la nueva favorita para así lograr que fuera su propio hijo quien accediera al trono.

Desde entonces, Aixa, a la que las crónicas describen como una mujer varonil, vengativa, cruel y despechada, no dejó de conspirar, como es natural. Protegió a su hijo contra las confabulaciones y lo convenció para que iniciara unas revueltas que desplazaran a su padre. No hizo falta mucho para convencerlo, porque Boabdil nunca gozó del favor paterno, quien lo consideraba débil, cortés y elegante, pero sin sangre para la batalla, además de un títere en manos de su madre. El caso es que Boabdil, finalmente, lo consiguió en 1482, gracias al favor de los nobles granadinos. Aprovechó para ello que Muley Hacén estaba lejos de la ciudad, en sus campañas contra los cristianos. Pero las victorias cosechadas por su padre frente a los ejércitos castellano-aragoneses inclinaban la balanza en su contra. Su popularidad se resentía y le restaban autoridad y prestigio ante su pueblo. Estas circunstancias lo llevaron a intentar demostrar su valía en la guerra, para lo que organizó un ejército con el que ir contra una importante plaza como era Lucena. El ejército salió por la Puerta Elvira, pero cuentan las crónicas árabes un incidente que fue tomado como presagio de mal augurio en la campaña: al pasar por la puerta, el caballo que llevaba el estandarte trastabilló, golpeó en el quicio y el asta que lucía la bandera se quebró. La insignia quedó tirada en el suelo. El hecho no enturbió la determinación de Boabdil, que, menospreciando el mal augurio, ordenó continuar la marcha, convencido de su victoria.

El 20 de abril de 1483 llegó frente a Lucena. Ante el enorme ejército desplegado por los granadinos, don Diego Fernández de Córdoba envió aviso a su tío, el conde de Cabra, población relativamente cercana, y entretuvo a los musulmanes ofreciendo parlamentar sobre la rendición. La estratagema surtió efecto y, ante la llegada de las tropas de

Carga de caballería, batalla entre moros y cristianos (Apeles Mestres, 1884).

refuerzo, Boabdil emprendió la retirada, pero, confiados en su número, pararon a descansar y fueron alcanzados por el ejército cristiano. Sorprendidos, no les quedó más remedio que enfrentar la batalla en unas condiciones muy desfavorables por el terreno enfangado a causa de las lluvias. Su tío Aliatar murió allí mismo y Boabdil quedó atrapado cuando su caballo se hundió en el cenagal de un arroyo que venía muy crecido por las tormentas. Se escondió, pero fue visto por un infante, Martín Hurtado, que lo hizo prisionero. Don Diego Fernández de Córdoba, sin saber aún que había apresado al conocido como Rey Chico, lo encarceló en el castillo del Moral, en el mismo Lucena. Nada dijo él sobre su identidad por evitar que se fijara un rescate desorbitado, pero algunos de los cautivos, cuando se cruzaban, se postraban ante él, con lo que no pudo ocultarlo durante mucho tiempo. Los Reyes Católicos fueron inmediatamente informados y ordenaron entonces encerrarlo en el castillo de Porcuna, donde, según otra leyenda, una princesa cristiana, atraída por su gentileza, su cortesía y su belleza, se enamoró de él. La atracción fue recíproca, surgió el romance entre ellos y se prometieron amor eterno, hasta el punto de que, puesto en libertad, ella huyó para reunirse con él en Granada y convertirse en su esposa, renunciando a su fe. El caso es que la liberación del Rey Chico se produjo entre estos muros a cambio de un gran rescate, su vasallaje hacia los reyes de Castilla y Aragón y un tributo anual. Este episodio se considera el anticipo de lo que después sería la rendición de Granada, el último bastión musulmán en la península. Quizás no sepáis que también otro cordobés tuvo una enorme importancia en este episodio, don Gonzalo Fernández de Córdoba, quien sería apodado el Gran Capitán, otro personaje digno de la mejor película que os podáis imaginar. Por orden de los Reyes Católicos, fue quien, en secreto, llevó las negociaciones de la rendición. Pero esta ya es otra historia, ¿no os parece?

El entorno de la Mezquita de Córdoba

LA PUERTA DEL CIELO: EL *SABAT*

Avanzamos paseando hacia la Puerta del Puente, recorremos lentamente la calle Amador de los Ríos en dirección a la Mezquita-Catedral. Nuestro recorrido nos lleva hasta un panorama extraordinario: el Triunfo de San Rafael, la Puerta del Puente y el famoso Puente Romano. Pero quizás todo ello se eclipse ante la rotundidad de los muros de la Mezquita-Catedral. Como cada rincón tiene su historia, hablaremos más tarde del Puente Romano y de ese San Rafael que se eleva mirando la ciudad o contemplando el río en medio del puente. Ahora vamos a mirar hacia nuestra izquierda para contemplar la esquina de la cara sur y oeste de la *alhama.*

El desnivel es pronunciado y, a lo largo de su muralla por la calle Torrijos, siguiendo la fachada del Palacio Episcopal, unas escalinatas permiten el acceso por las distintas puertas que se abren en el muro. Pero justo en la esquina, elevada, observamos una pequeña puerta dorada que sorprende porque resulta inaccesible desde la calle. ¿Qué sentido puede tener? No os sorprendáis, se trata de la Puerta del Sabat, la Puerta del Cielo.

Durante la época musulmana se construyó un pasadizo elevado que unía el alcázar califal, hoy Palacio Episcopal, con la antigua Mezquita. Esto permitía a los emires y califas acudir a la oración sin mezclarse con la muchedumbre. Al principio, el emir caminaba hasta adentrarse en la Mezquita por la Puerta de los Ministros. Pero, al verlo, los súbditos se ponían de pie a su paso en señal de respeto. Esto causó las protestas de los sacerdotes. El faquí Said ben Jamir le dirigió una carta al emir en estos términos:

> Os haga Dios un digno y piadoso fiel, Señor Imam. Los hombres deben ponerse de pie solamente ante Dios, el Creador del mundo; sin embargo, ante ti se levantan apenas te ven llegar. ¡Oh, no! Tú no deberás aceptar ni dar a tu pueblo más que la verdad; pues solo la verdad te hará llegar a la presencia de Dios. El poder es patrimonio de Dios, que no tiene igual; y quien se humille a los designios de Dios, Dios lo elevará. La advertencia es útil a los fieles, y solo la recuerda el que se arrepiente.

La obra se ejecutó, permitiendo al emir llegar por un lugar reservado hasta la *maqsura*, el lugar acotado dentro del templo frente al mihrab. Accedía a él por una pequeña puerta. Allí, desde un estrado, se dirigían las oraciones de los fieles mientras las mujeres de la comitiva permanecían en las dependencias interiores, asistiendo a la plegaria a través de las celosías superiores.

El primer *sabat* («pasadizo») fue construido en la zona norte por Abd Allah (888-912); sin embargo, durante la ampliación de Alhaken II en el siglo x, se edificó un segundo en la zona sur, en la actual calle Torrijos. La puerta dorada que aparece como colgada en el muro es un vestigio del acceso originario, hoy cegado desde el interior. También, si somos curiosos, podremos ver las marcas en el pavimento donde se encontraban los cimientos de la construcción y que se han conservado para dar testimonio de los mismos. Los dos accesos convivieron durante un corto espacio de tiempo, pero, al final, el primer pasadizo, el situado más al norte, fue derribado. Este segundo, en cambio, tuvo una vida más larga, hasta el siglo XVII, y por él entraron a la Mezquita-Catedral reyes y emperadores, como los Reyes Católicos, Carlos I y Felipe II. En esta época, el pasadizo se coronó en la parte superior con la imagen de una Virgen, la cual tomó el nombre de la calle: la Virgen de los Arquillos.[33] Su derribo fue obra del obispo fray Diego Mardones con motivo de las obras de renovación del Palacio Episcopal hacia 1620, según consta en las cuentas de la fábrica de la Catedral. La Virgen se trasladó al interior del templo cristiano en una ventana detrás del crucero y aún se conserva.

Su recorrido y acceso debieron ser muy protocolarios. Un autor árabe, Al-Idrisi, en el siglo XII, nos lo describe así:

> [...] a la derecha del mihrab, entre los dos muros de la Mezquita Alhama, hay una puerta que abre al alcázar por un pasadizo contiguo. Este pasadizo se halla cerrado con ocho puertas de las cuales cuatro se cierran del lado del alcázar y cuatro del lado de la Mezquita Alhama.

Desde la Puerta del Sabat se accedía a cinco habitaciones, comunicadas entre sí mediante puertas que iban abriéndose progresivamente ante la comitiva del califa. Si miramos la cara sur del edificio, veremos unos balcones alineados que daban y siguen dando luz y aire a las estancias, en su doble altura, y prestan una singular elegancia a esta fachada del edificio. Hoy son dependencias que no están abiertas al público y a las que se accede por la mencionada puerta a la derecha del mihrab. Ahí se nos conserva la biblioteca del Obispado, todo un sueño para bibliófilos, con unas vistas maravillosas sobre el Triunfo de San Rafael, la Puerta del Puente, el Puente Romano y esa casa de estilo nazarí, enfrente, haciendo esquina, que fuera el primer estudio fotográfico de Córdoba. También, una de estas dependencias es la denominada Sala del Chocolate, de la que hablaremos más adelante, por ser, según alguna leyenda, morada de un fantasma.

---

33 Ramírez de Arellano, Teodomiro (2017), *op. cit.*, pág. 127.

Durante mucho tiempo, el aspecto de la ciudad desde el puente romano fue diferente, casi un espectáculo cinematográfico digno de *Juego de Tronos*. De su perspectiva desde el Puente Romano quedan vestigios y testimonios en grabados antiguos. Y el pueblo, que no se complica mucho ni poco la vida, denominó a la que hoy es la calle Torrijos como la calle de los Arquillos. Ya sabéis por qué.

LA ESTRELLA DE LOS DESEOS

Aún seguimos en la esquina de la calle Torrijos. No iniciéis el ascenso todavía, porque en la base del muro, debajo de la Puerta del Cielo, si la buscáis bien, podréis encontrar la Estrella de los Deseos. Durante nuestra infancia, las calles que rodean al monumento estaban abiertas al tráfico rodado. En

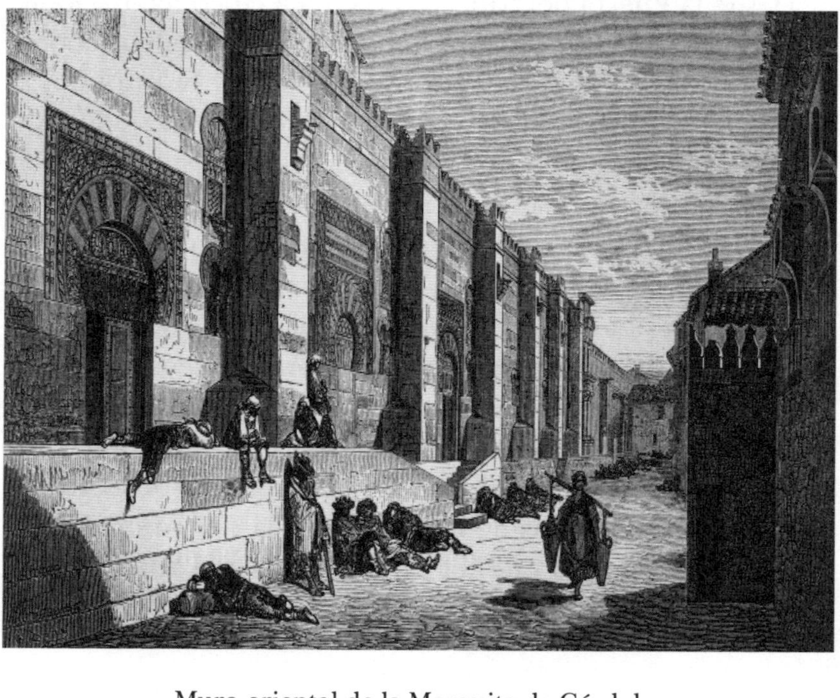

Muro oriental de la Mezquita de Córdoba
(Gustave Doré, siglo XIX).

la fachada norte, había una parada de taxis, y en esta calle, un aparcamiento público con su guardacoches. A menudo veníamos a saludar a Manolo el Manco, marido de María, y en no pocas ocasiones nos señalaba esta estrella en el muro para despertar nuestra curiosidad. La acariciaba y nos decía: «Ahora os cuento». Después era María quien nos contaba la leyenda de la estrella de los deseos mientras él seguía repartiendo tiques a los coches que iban entrando en el aparcamiento. El contar una historia siempre era una buena excusa para que nos mantuviéramos tranquilos y tomáramos una merienda. Nos íbamos hasta el Patio de los Naranjos, y allí, al sol, sentados en el poyete, comenzaba la historia, que más o menos decía así.

El cielo es un espectáculo en Córdoba. Hoy, con tantas luces por todas partes, apenas podemos ver las estrellas, pero ellas sí que nos ven a nosotros. Hace mucho tiempo, solo algunos candiles iluminaban las calles, pero, cuando se construyó la Mezquita, miles de lámparas de su interior brillaban en la oscuridad con una luz tenue y oscilante que se veía desde el mismo cielo.

Allá en lo alto, junto a la estrella del alba, había una estrellita curiosa que anhelaba acercarse y ver qué estaban haciendo los hombres en su constante ir y venir, qué eran aquellas luces que titilaban con débiles destellos con el despertar del cielo al atardecer. Una noche especialmente oscura, la estrellita curiosa decidió bajar y, adoptando una forma corpórea, sin que nadie advirtiera su presencia, anduvo por el Patio de los Naranjos hasta entrar en el interior del templo. Recorrió las naves y quedó maravillada del bosque de columnas, de cómo las hileras se entretejían en luces y sombras iluminadas por miles de lámparas y velas encendidas, de las inscripciones y del recogimiento de los fieles arrodillados mirando al sur. ¿Qué podía mover el alma de quienes rezaban? El hombre era en sí mismo un misterio indescifrable, en movimiento constante para permanecer siempre en el mismo sitio.

Decidió pasear por el exterior y, recorriendo las murallas, se encontró con una mujer muy pobre que lloraba desconsolada. No pudo evitar dirigirse a ella:

—¿Qué te ocurre? ¿Por qué lloras?

—Lloro porque soy muy pobre, tengo cuatro hijos, y mi marido se ha quedado sin trabajo. No tengo nada que llevarles, no tenemos comida y pasarán hambre. Me duele su dolor tanto que no me atrevo a llegar a casa y mirarlos a la cara. Y no hay nada que pueda hacer, por eso vine a rezar, a pedirle a Alá que nos socorra.

La estrella se compadeció de la pobre mujer. No sabía lo que eran las emociones de los humanos, nunca oyó hablar del amor ni del sufrimiento; nunca en el cielo eterno había sentido hambre ni sed, solo el placer de contemplar el mundo y los planetas, y hablar con sus amigas con destellos luminosos. Mirando a aquella mujer, sintió por primera vez una sensación de angustia que atrapaba su corazón, y entonces creció en su interior la necesidad de ayudarla. Apoyó la mano en su hombro y con un leve destello le dijo:

—Vete ahora a casa, allí te están esperando para darte una gran noticia.

Sorprendida, pero mucho más tranquila por la paz que inspiraba aquella voz, la mujer le dio las gracias y se encaminó a su casa atravesando rauda las estrechas calles del barrio viejo hasta llegar a un edificio grande y pobre donde los vecinos compartían el patio. La familia vivía en dos habitaciones de la planta superior; una tenue luz iluminaba las ventanas cuando se acercó a la puerta. Inquieta, sin saber qué le esperaba, entró en la sala. El marido y los hijos la estaban esperando con una enorme sonrisa dibujada en sus rostros. Sobre la mesa habían dispuesto todo un banquete en el que no faltaba de nada. Carne, verduras, frutos secos, té… Todo estaba preparado. La pobre mujer abrió mucho los ojos sin poder creer lo que estaba viendo.

—Pero… ¿Qué es todo esto?

Entonces, el marido le explicó que, hacía un rato, el capataz de las obras de la Mezquita lo había reclamado para que se encargara del contramuro de la cara oeste. Era una obra grande porque había que salvar el desnivel de la calle hacia la cara sur, donde estaba la Puerta del Puente. Era un buen cantero, sabía tallar bien las piedras, tenía fama en la ciudad, pero no contaba con las herramientas adecuadas para la labor que le había sido encargada. Al quedarse sin trabajo, las fue vendiendo para poder alimentar a su familia. Así se lo dijo al capataz, y este, mirando a su alrededor y viendo la necesidad por la que pasaba, se compadeció de él y le adelantó los dinares necesarios para que comprase las herramientas y vivieran dignamente mientras realizaba su encargo.

Se arrodilló dándole las gracias, incluso trató de besarle las manos, pero el capataz las retiró:

—Agradécelo a Alá y págame con tu trabajo. Reserva estos honores para nuestro emir.

E inmediatamente se fue a comprar sus herramientas y también comida con la que alimentar a sus hijos y festejar la buena nueva. Esa era toda la historia. Y las lágrimas se derramaron por el rostro de la mujer, recordando a la buena estrella que la había consolado en los momentos más tristes de su vida.

Cuentan que, cuando la estrella regresó al firmamento, la reclamaron a la presencia de la Reina de las Estrellas.

—¿Por qué bajaste hasta la tierra de los hombres? ¿Acaso no sabías que lo tenemos prohibido; que quien se mancha con sus emociones no vuelve a conocer la felicidad del cielo? Has desobedecido y me obligas a castigarte para evitar que las demás sigan tu ejemplo.

La luz de la estrellita curiosa parpadeó un instante, pero luego, apartando dulcemente sus ojos, dirigió una mirada a la tierra de los hombres y respondió:

—Cada noche contemplaba las luces en una pequeña ciudad de la tierra. No eran como las nuestras, las de las estrellas, sino titilantes y mortecinas, pero muy bellas. Nosotras siempre estamos en el mismo lugar, pero los hombres van y vienen continuamente, y no comprendía por qué. Mi curiosidad fue en aumento, quería saber qué eran y cómo brillaban aquellas luces, qué movía a los hombres inquietos en ese ir y venir continuo. Una noche, tranquila, sin pensar en las consecuencias, decidí bajar para comprobar el origen de aquellos resplandores y conocer a los hombres. Y cuando llegué allí, vi algo maravilloso: un bosque de columnas de mármol resplandeciente, con arcadas que parecían hojas de palmera, rojas y blancas, como si el tenue sol de poniente se filtrase por entre las palmas abiertas, y vi arrodilladas en el suelo a personas humildes expresando sus deseos en oraciones susurradas. Y aunque esos deseos y sus intenciones no eran más que meros pensamientos, me llegaban con tal claridad que me sentí confundida, pero, a la vez, me invadió la felicidad al conocer sus emociones cargadas de esperanza. Cuando salí al exterior, a pasear por las murallas, me encontré con una mujer que lloraba, no por ella, sino por sus hijos. Y comprendí lo que era el sufrimiento y lo que era el amor, y supe qué es lo que mueve el corazón de los hombres.

—Pero entonces actuaste y usaste tu poder para cambiar su vida. Tampoco podemos influir en los designios del cielo, y, sin embargo, lo hiciste.

—Así es, no pude dejar pasar la ocasión de remediar tanto sufrimiento. Creo que hice lo justo, no me arrepiento, y siento que los hombres nos necesitan y que los podríamos ayudar cuando sus deseos son justos.

—Veo que has sido contaminada en tu contacto con la humanidad. Ya no puedes volver a ocupar tu puesto entre nosotras. Permanecerás en el mundo de los hombres y no podrás regresar al firmamento. Ya no podrás hablar con tus compañeras del cielo. Pero, como crees en los hombres, te harás una con ellos y podrás concederles un deseo a aquel que te llame con el corazón puro y sincero. Puesto que ese fue tu deseo, así sea.

Como absorbida por una corriente de aire potente, la estrella cayó del cielo hasta quedar incrustada en una piedra. Podía ver, oír y sentir, pero no podía moverse. Desde allí comenzó a ver el trasiego de las gentes, a oír sus pensamientos, a sentir sus emociones.

Cierta noche, el cantero llegó algo afligido a su casa. Había tallado todas las piedras del contramuro, pero, al intentar labrar la última, halló una estrella que no podía suprimir sin alterar el hilo de la muralla, y no tenía más piedras, eso retrasaría la obra. La mujer, al oírlo, sonrió de una forma misteriosa:

—No debes tallar la estrella. Colócala donde todo aquel que pase pueda encontrarla. Y cuando sientas un deseo puro, rózala y cuéntaselo, porque ella te escucha y sabrá, en todo momento, qué es lo mejor para ti. Es la Estrella de los Deseos, la que nos trajo la fortuna de la que gozamos. Fue ella la que me tocó en mi hombro y dirigió mis pasos a casa cuando no teníamos nada más que la desesperación. La que hizo realidad lo que apenas nos atrevíamos a soñar.

El cantero no pudo dudar de su mujer y colocó la piedra en el contramuro, donde aún hoy puede verse en una de las esquinas la estrella petrificada.

* * *

Los visitantes que conocen la historia se acercan y, con más o menos disimulo, la rozan con su mano, encomendándole sus más íntimos anhelos. No sabemos si todos se cumplen o no; tampoco si quienes los formulan lo hacen de corazón; ni si aquello que deseamos es realmente lo que nos puede hacer bien en nuestra vida. Mientras tanto, sigamos soñando con la estrella que creyó en los hombres y, presa de sus emociones, fue desterrada del firmamento para hacer realidad nuestros deseos.

Y, efectivamente, en ese muro exterior de la Mezquita de Córdoba, en la calle Torrijos, se puede ver lo que, según la ciencia, no es más que un fósil con una forma que se asemeja a una estrella. Pero ¿quién sabe la magia que encierran las piedras milenarias? Como no he olvidado mi infancia, cada vez que paso, le sonrío y le doy gracias por haber hecho realidad todos aquellos deseos que, siendo niño, le pedí.

EL PUENTE ROMANO: LA NINFA CELOSA

Antes de continuar bordeando las murallas, subiendo por la calle Torrijos, miramos hacia nuestra derecha. Una estampa como el Puente Romano no podía menos que albergar sus leyendas. En esta ciudad, crisol de culturas, también teníamos que conservar algún componente heredero de los mitos grecolatinos. Incluso algunas de nuestras leyendas tienen raíces mitológicas. Aunque ya, a nuestro puente, de romano le queda poco, a tenor de las reconstrucciones y reformas llevadas a cabo a lo largo de los siglos por las distintas culturas que nos habitaron. La leyenda más antigua tiene que ver con la construcción mágica de este puente, que, según cuentan, fue levantado por el propio Heracles, piedra a piedra, como uno de sus doce trabajos. Por aquel entonces, los cordobeses no conocían las pirámides de Egipto, cuyas piedras bien hubieran valido una prueba de fuerza mucho mayor. Pero si, según el mito, el hijo de Zeus pudo derribar las columnas allá por Gibraltar, bien podría haberse dado un paseo por nuestra tierra y hacer alguna obra. La imaginación popular es muy viva, y en los tiempos de Heracles (Hércules si lo preferís) el puente aún no existía, al menos en piedra, como se nos ha conservado.

El puente fue originariamente construido por los romanos, y sabemos que aún no estaba levantado cuando la conquista de Julio César, que tuvo que acercarse a la ciudad vadeando el río sobre las cabalgaduras, allá por el siglo I antes de Jesucristo. No se puede entender la ciudad sin este río y sin este puente. Se construyó probablemente en el siglo I d. C., como parte de la Vía Augusta, y ha sido un enclave estratégico desde entonces para todos los avatares que la historia nos ha deparado. Desde siempre[34], el río era navegable y fue la arteria principal del comercio de la ciudad desde la época de los turdetanos. Hemos de imaginarnos los barcos entrando en un puerto fluvial y a los pescadores navegando por el río, o bien atravesando mercaderías, y a viajeros que iban y venían desde lo que hoy es el Campo de la Verdad hasta la ciudad.

Desde la Catedral, uno de nuestros paseos prohibidos siendo niños era la ribera, pues resultaba peligroso jugar cerca del río. Pero ¿a qué niño se le resisten unas ruinas

34 Conservo como un tesoro un proyecto de ingeniería, hecho a mano, para hacer navegable de nuevo el Guadalquivir de Sevilla hasta Córdoba realizado en el siglo XIX.

abandonadas? Como críos que éramos, no podíamos dejar de explorar y, a veces, nos adentrábamos para curiosear por los molinos e incluso por los arcos del puente en periodos de caudal bajo. Y más de una vez tuvimos algún susto mientras saltábamos por las tapias medio derruidas en el molino de la Albolafia. Era un lugar para soñar aventuras, tesoros escondidos y leyendas. Y el puente, con su San Rafael, con sus arcos, era un lugar mágico para nuestra imaginación desbordante. ¿Quién no soñó en su infancia con encontrar un cofre oculto? En aquella época todavía quedaba algún barquero, incluso se llegó a inaugurar una playa donde aliviar el calor del verano en el meandro de detrás de la ermita de los Santos Mártires. Entonces ya no había lavanderas en el río, se había canalizado. Lo que sí nos contaban eran historias para que no nos acercáramos al río.

Paseo de la Ribera de Córdoba, con la Mezquita y el Puente Romano al fondo (David Roberts, siglo XIX).

Una de estas leyendas nos hablaba de que, entre los barqueros, había un joven gentil y de extraordinaria belleza, tanta que llamó la atención de una de las ninfas del río, que habitaba en las islas próximas al puente. Su curiosidad la atrajo y quiso conocerlo. Convertida en un precioso pez dorado, se acercó a la barca, y tanto se acercó que quedó atrapada en la red. El muchacho no salía de su asombro ante ese pez de escamas doradas que boqueaba en sus manos. Era tan precioso, tan único, que decidió devolverlo al río, y muy suavemente lo depositó en sus aguas para que siguiera viviendo. La ninfa se sintió entonces atraída por la bondad de su corazón y su dulzura. Así que decidió adoptar una forma humana y dejarse ver peinándose plácidamente junto al molino donde atracaba con frecuencia el joven. El barquero se sintió seducido por la hermosura de aquella joven que parecía distraída en la orilla, por la delicadeza de su canto, que irradiaba una inmensa calma; una canción a la que parecían acompañar las hojas de los álamos de la ribera. Como hipnotizado ante tanta belleza, se aproximó a ella. Su sonrisa fue una invitación. Y sin que él supiera cómo, quedó enredado entre sus brazos.

Cuentan que, desde ese día, cada tarde la ninfa iba al mismo lugar para encontrarlo, pero el joven barquero no aparecía. Estaba arrepentido, pues se había enamorado de una chica y no quiso volver a verla por no traicionar su amor. Pero, en su desesperación, la ninfa se convirtió de nuevo en pez y se zambulló en las aguas para buscarlo. Cuando lo encontró, saltó a la barca, recuperó su forma humana ante el asombro del muchacho y le recriminó duramente su ausencia. Ella era una ninfa y podía ofrecerle mucho más de lo que nunca hubiera podido imaginar: belleza, juventud y vida. Y solo le pedía su amor, que permaneciera junto a ella. El joven trató de disculparse, pero, a pesar de la bondad y la belleza de la ninfa, y de sus promesas de eternidad, no podía traicionar al que era el amor de su vida.

No es bueno enfadar a una ninfa. Pues esta, llena de ira y de celos, elevó sus brazos al cielo y, tocándolo, convirtió al joven en una frondosa higuera en la misma isla, junto a la poza donde ella habitaba. Desde entonces, dicen, el árbol crece inclinando sus ramas hacia el río, pero sin dar fruto. De sus tallos brotan unas lágrimas blancas que lloran la desgracia del amor condenado y, a su sombra, van a lamentarse, a confesar sus penas, las jóvenes despechadas o ignoradas por sus enamorados. Dicen que el rumor de las ramas de la higuera tiene el poder de aplacar la amargura de las almas despreciadas. Cuentan que el reflejo de la ninfa aún se ve sobre las ondas del agua dejándose acariciar por la sombra de las hojas de la higuera.

Quizás por eso sea el lugar preferido por las antiguas lavanderas del río. Quizás por eso los jóvenes evitaban aproximarse a la isla del molino y desconfiaban de las muchachas que, desde la orilla, los saludaban y les sonreían. Cuando atraveséis el puente, no dejéis de mirar las aguas del Guadalquivir y sus molinos, y cuidaos de acercaros, si vais por la ribera del río, a alguna mujer que, cantando dulcemente, peina sus cabellos con los pies ligeramente sumergidos en el agua. Solo se deja ver cuando alguien le recuerda a su ingrato amor, pero que no la veáis no quiere decir que no siga habitando estas orillas, musitando su eterna canción de enamorada a la sombra de alguna higuera. Hay historias que no acaban bien.

Es curioso que las ninfas fueran protectoras de la naturaleza, y sé que son seres mitológicos que han servido para alentar la imaginación de muchas generaciones desde los griegos, pero hay un hecho en este caso que no deja de ser llamativo: en el soto de la Albolafia, ese conjunto de isletas que podéis observar desde el Puente Romano hasta el Puente Nuevo, el de San Rafael, se ha generado un espacio único por su vegetación y su clima. En él habitan más de 110 especies de aves en un entorno de sauces, álamos, adelfas, zarzas y carrizos. Tanto es así que fue declarado «monumento natural» por la Junta de Andalucía en el año 2001. Si sois aficionados a la ornitología, preparad vuestra cámara y pasead por la ribera. Todo un espectáculo. Pero protegeos de la ninfa celosa.

LOS RETRETES DE LA MEZQUITA

En esos paseos largos, tranquilos o apresurados, por los alrededores del monumento, debemos agradecer la belleza del mismo a una labor constante de rehabilitación que no siempre fue acertada, pero que en conjunto ha permitido disfrutar de su grandeza en nuestros días. No obstante, siempre puede acuciarnos una necesidad fisiológica para la que la ciudad y sus monumentos no responden con la celeridad requerida. Al final, entramos en algún establecimiento, pedimos un café o un medio de vino[35], alguna tapa, y salimos del paso si no vamos cabalgando en alguna visita guiada que nos obligue a avanzar a uña de caballo.

En la fachada occidental de la Mezquita-Catedral, en la misma calle Torrijos, podemos observar una lonja que nivela el terreno para ir dando acceso a las distintas puertas. Esa sobreelevación, que hoy nos parece maciza, al menos en parte, estaba hueca y varios ventanucos abrían a la calle. No sabemos si con buen o con mal criterio, en el siglo XVIII habilitaron aseos en el monumento a los que se accedía desde el interior. La lonja no era practicable como hoy porque se había ampliado el muro con una sobreedificación que tapaba parcialmente la Puerta de Palacio.

No hay dudas respecto al uso que se daba a estas dependencias hasta principios del siglo XX. El gran restaurador de esta fachada, don Ricardo Velázquez Bosco, dejó constancia de las mismas en el proyecto de la demolición de esta estructura superpuesta. Se trataba de poner en valor una de las puertas más bellas de la muralla, la Puerta de Palacio, y, a la vez, lograr una lonja accesible que llegaba hasta la Puerta del Sabat. En el proyecto se proponía mantener en uso estos aseos. El acceso a los mismos se hacía desde el interior de la Mezquita-Catedral, en concreto desde la biblioteca, adosada

35 En Córdoba llamamos «medio» a la copa llena a rebosar. La razón es que, en su origen, la copa cordobesa, más ancha y panzuda, era una unidad de medida, medio cuarto de litro, o lo que es lo mismo, 125 cm^3.

al muro occidental. Había otro acceso a las plantas superiores del anexo desde la capilla de San Ildefonso.

Se dice que la posible idea de suprimirlos vino por la insalubridad de las instalaciones en su momento. Se requería un mejor sistema de evacuación de aguas residuales, pero esto ya se incluía en el proyecto de rehabilitación de 1917, donde se hace constar la intención de mantenerlos.

De hecho, así se hace pública la noticia en el *Diario de Córdoba* el 5 de noviembre de 1891:

> Una vez descubierta la planta del edificio por la parte occidental, y hecho desaparecer el local que se destinaba a los escusados [y] que, además de cubrir algunos restos artísticos de gran valía, era un ataque continuo a la higiene, pueden apreciarse las ventajas que el grandioso edificio adquiere al ser restaurada la parte a que nos referimos, en la que se activan los trabajos con la premura que puede darse a las delicadas operaciones de restauración, muy distantes a la obra nueva.

Los nuevos servicios tampoco estarían abiertos al público visitante durante esa época, por lo reservado del acceso desde la biblioteca, hoy ya trasladada a las dependencias a las que se accede por la puerta privada del califa en el mihrab. Las ventanas al exterior ya han desaparecido, solo quedan dos pequeños ventanucos. Y aunque se han mantenido los servicios y resultan accesibles a través de una puerta en el muro desde el interior, esta se mantiene cerrada con llave y solo los utilizan los vigilantes y el personal de la Catedral. De cualquier forma, si veis una fotografía o un grabado antiguo de la ciudad y observáis esa fachada con sus puertas ocultas y las ventanas enrejadas bajo el paramento sobreelevado, ya sabéis qué secreto guardaban.[36]

---

36 Una magnífica exposición la realizada por Rafael Expósito Ruiz en su blog *Qurtuba Fábulas*. Si sois aficionados a la fotografía antigua, no dejéis de visitarlo.

EL POSTIGO DE LA LECHE

Caminamos por la calle Torrijos, subiendo la cuesta. Llama nuestra atención la espectacular fachada plateresca que encontramos a la izquierda. Es la antigua capilla del Hospital de San Sebastián. Hoy es el Palacio de Congresos de Córdoba, del que nos ocuparemos a continuación. Casi enfrente, encontraremos una puerta poco ornamentada que pasa casi desapercibida, pero cuya historia también marcará el destino de este maravilloso edificio. Se trata de la Puerta de la Leche o el Postigo de la Leche. El origen de este nombre arranca desde muy antiguo. Permitidme que os cuente su historia.

Eran tiempos de necesidad. En muchos casos, no siempre se podía criar a los hijos y, en otros, era difícil declarar aquellos que nacían fuera del matrimonio bendecido sin mancillar la honra del apellido familiar. Muchas mujeres, en este trance, optaban por abandonar a sus hijos con la esperanza de que fueran acogidos por la iglesia o por familias con más recursos, manteniéndose en el anonimato. Y había un lugar donde dejar depositados a los recién nacidos en estas circunstancias: las gradas de una de las puertas de la Mezquita-Catedral, que, por este hecho, se dio en llamar la Puerta de la Leche. También, en las galerías interiores de la fachada, se exponían en cunas los niños abandonados, para que las familias que lo desearan pudieran adoptarlos. Pero el hecho en sí no estaba exento de riesgos. Por aquel entonces, no había letrinas en la mayoría de las casas humildes, por lo que los excrementos se lanzaban directamente a la calle al grito de «¡Agua va!». Dicen que esta costumbre motivó el uso de la capa y del sombrero de ala ancha cordobés, que servían para paliar la desgracia de que, en algún momento, te cayeran encima las inmundicias vertidas cuando esto sucedía, y también la superstición de que trae mala suerte caminar pegado a las paredes de las casas cuando paseas. Las calles se inclinaban hacia el centro para facilitar el baldeo de la suciedad y, por la noche, se movían piaras de cerdos para

Casa de expósitos en Córdoba (G. Doré y C. Laplante, siglo XIX).

que comieran la porquería. Esto dio ocasión a un suceso del que queda testimonio en el libro *Casos raros ocurridos en la ciudad de Córdoba.*[37]

Corría la primera mitad del siglo XVI cuando don Juan Fernández de Córdoba, abad y señor de Rute, deán y canónigo, caminaba hacia la Catedral. Mucho habría que hablar de este personaje, que aspiró al cargo de obispo y lo perdió por su mala cabeza, sus malas costumbres y su afición al juego. Pero también trasciende de él su carácter caritativo y bondadoso que tiene que ver con nuestra historia.

> El señor don Juan, yendo un día a la iglesia, halló que aquella mañana se habían echado a la puerta de ella tres criaturas. Tenía la iglesia una cuna redonda. Tenía otra un tercio de alto. Entraron unos puercos en la iglesia y se comieron las criaturas por no haber allí nadie en esta ocasión. Sintiose esta desgracia tanto en los prebendados y Obispo que se acudió al remedio con muchas veras. El que más sintió esta desgracia fue el señor don Juan por ser de suyo muy compasivo y así se determinó encargándose él de aquella obra, y fue de suerte que lo pudieron pintar como pintan la caridad [...]. Cuando llegaba de la iglesia por la tarde y por la mañana ya le estaban aguardando un gran número de niños. Y después que sabían andar los llevaba a casa y se le subían hasta los hombros, unos jugando con él, otros pidiéndole pan [...]. Y era fuerza ensuciarle los vestidos con los pies y lo llenaban de manchas, y todo lo sufría por el gusto que a nuestro señor le daba esto.
>
> Enseñaba a leer a los niños y él mismo les daba lección y les mostraba la doctrina, y cuando eran de ocho o diez años los ponía a oficio, y lo mismo hacía con las niñas, y en teniendo edad, las casaba y les daba en Rute casas y hacienda, y se dice por cosa cierta que todo este lugar es de los niños que crio de la puerta de la iglesia, y supe de un portero de su casa que le sirvió más de treinta años, que se llamaba Peranzules, que por su cuenta y las de otras muchas personas que anduvieron advir-

37 La anécdota también está recogida por Teodomiro Ramírez de Arellano con alguna variación, *op. cit.*, tomo IV, pág. 124.

tiendo esto, dicen que pasaron de más de 10.800 los muchachos que crio, y otros añaden más.[38]

Esta labor dejó su huella y sirvió de inspiración, porque en 1850 el antiguo Hospital de San Sebastián situado enfrente se convirtió en casa cuna, gestionada por la Diputación Provincial de Córdoba. El hospital fue trasladado a la plaza del Cardenal Salazar, también en la judería, conocido como el Hospital de Agudos, hoy Facultad de Filosofía y Letras, uno de los edificios con más leyendas fantasmagóricas de la ciudad, que muy posiblemente os contarán si os apuntáis a esos paseos misteriosos que podéis encontrar por Internet. Miles de niños pudieron criarse en esta casa cuna.[39] Y mantuvo este uso hasta la década de 1980. Durante mi infancia aún podía ver a los niños expósitos jugando en su recreo en la plaza de Medina Corella, donde hoy se ubica la entrada a la Filmoteca de Andalucía y donde mi buen amigo Rafael Ordóñez tiene su Vinoteca haciendo esquina. También conviene saber que el Palacio de Congresos es en sí un edificio de leyendas, apariciones y fenómenos inexplicables, como no podría ser de otra manera contando entre sus paredes con tanto sufrimiento a lo largo de los siglos.[40]

EL PALACIO DE CONGRESOS

El destino del edificio quedó determinado en 1724 por la construcción del nuevo Hospital de Agudos, en la plaza del Cardenal Salazar, y la historia que hemos contado anteriormente. Vamos a detenernos un momento en este impo-

38 *Ibidem*, pág. 127 y ss.

39 Para más información, véase Luque Gallegos, Virginia; Pimentel Siles, Manuel, y Cuesta López, Antonio (2021). *Espíritu de Córdoba. Historia viva del Palacio de Congresos.* Córdoba: Almuzara.

40 Sobre las casas cuna en Córdoba se puede leer un interesante artículo de Paco Muñoz, titulado «Casas cuna u hospitales asilos para niños», en *Notas cordobesas* (2021).

nente edificio situado a continuación del Palacio Episcopal. Si podéis acceder a él, paseadlo, es una joya arquitectónica, con unos patios espléndidos de estilo mudéjar donde antiguamente se atendía a los enfermos sobre jergones en hilera bajo sus pórticos. Los que fallecían eran enterrados en el cementerio que llamaban de los Ahogados, espacio que hoy ocupa la explanada del Triunfo de San Rafael.

Como hospital, fue construido a principios del siglo XVI y tomó el nombre de la cofradía que encargó su construcción en una casa que anteriormente servía para las abluciones, llamada vulgarmente Casa del Lavadero. Al quedar pequeño y obsoleto con el tiempo y pasar a ser propiedad del Cabildo, en 1512 se trasladó a este solar colindante al Palacio Episcopal el Corral de Cárdenas, que es su emplazamiento actual[41]. Llegó a ser uno de los más importantes de España, famoso por su éxito en la lucha contra enfermedades y epidemias. Y esto no solo en el Renacimiento y Barroco, sino también en el siglo XX, una vez transformado en casa de expósitos.

La función del edificio siguió siendo la de ingreso y cuidado de expósitos hasta bien entrado el siglo XX, a fin de evitar, en la medida de lo posible, los infanticidios. Fueron acogidos niñas y niños nacidos de matrimonios ilegítimos o huérfanos, para que estos no fueran desatendidos a pesar del duro periodo de tiempo de la guerra civil y la postguerra. Los huérfanos y expósitos varones eran admitidos hasta los seis años, para pasar después al Colegio Provincial de la Merced, donde cursaban la instrucción de primaria o aprendían un oficio. Las niñas permanecían en el centro hasta que eran adoptadas, se casaban o solicitaban su salida al cumplir la mayoría de edad, quedando todos a disposición e instrucciones de las Hermanas de la Caridad.

Tal fue el interés por la correcta atención de los niños recién nacidos que, bajo la dirección del pediatra Dr. Gómez Aguado, se creó el primer laboratorio español con sede en Córdoba de leches preparadas para bebés. Hecho que causó

41 Ramírez de Arellano, Teodomiro (2017), *op. cit.*, tomo IV, pág. 122.

hacia 1926 la reducción en la casa cuna de la mortalidad infantil, situándola en una de las más bajas del mundo.[42]

Raro es el edificio que no contenga alguna anécdota, cuento o leyenda. Imagino que a estas alturas ya estaréis acostumbrados a escuchar muchas de ellas. Sobre este en particular, el actual Palacio de Congresos, me refirieron dos historias que no vienen de la tradición, sino de testigos directos en tiempos muy recientes, y que, por extraordinarias, merecen ser relatadas.

La primera me llegó de labios de un buen amigo, licenciado en Filología, un hombre de cuya sinceridad y cordura no cabe dudar. Frecuentaba por aquel entonces José Luis un club aledaño a las instalaciones del Palacio, el Club Alcorce, cuya entrada está situada al final de la calle Manríquez, casi enfrente del Palacio de las Pavas: una casa señorial con patio porticado y otro posterior que servía de zona de juego. Siendo adolescente, aprovechaba que el edificio del antiguo hospicio estaba cerrado y abandonado para saltar por la tapia medianera y curiosear sus instalaciones en compañía de un amigo. Sobrecogía el silencio, me contaba, especialmente en la capilla donde se sentaban tranquilamente a charlar, pensar u orar. Hoy esa capilla es una oficina de turismo, a la que podéis acceder a través de esa portada maravillosa perteneciente al gótico flamígero, del arquitecto Hernán Ruiz el Viejo —una obra de arte que no puede pasar desapercibida—, y recabar planos e información de la ciudad. Al entrar, observad esas ventanas altas colgadas, era desde donde los enfermos asistían a los oficios para no mezclarse con el público y evitar, así, posibles contagios.

En estas travesuras adolescentes se entretenían de vez en cuando. En una de las salas de la planta superior del primer patio mudéjar habían quedado abandonados, en aquella época, los tubos de ensayo, probetas y pipetas propias de un laboratorio con los que jugaban a ser científicos. Un día comenzó a sonar un teléfono antiguo que había en la

42 Véase la página web del Hospital de San Sebastián, apartado «Historia».

pared, negro, de los que tenían el marcador de rueda. Sorprendidos, lo descolgaron, pero no se oía nada. Fue entonces cuando descubrieron que el cable del teléfono estaba cortado, no tenía conexión. En el mismo momento, un somier antiguo, de muelles, apoyado en la pared, comenzó a temblar hasta golpear repetidamente contra el muro. Sobrecogidos, salieron corriendo hasta saltar la valla que los separaba del club y nunca más volvieron a aventurarse por aquellos patios. El pánico que sintió mi amigo José Luis todavía se reflejaba en su voz al narrarme la historia, una experiencia que nunca había revelado a nadie ni se atrevería a hacer pública. Había algo maligno en el lugar que no sabría explicar. Fue algo antinatural.

Una sensación parecida tuvo un vigilante de seguridad de guardia en el edificio cuando, realizando el turno, escuchó unos ruidos extraños que venían de unas escaleras que descendían desde uno de los patios hasta una puerta de madera que permanecía cerrada. Estaba anocheciendo, pero aún había luz suficiente. Cuando quiso investigar, vio cómo una oscuridad se materializó frente a él y comenzó a acercarse. De alguna forma, aquello se iba haciendo progresivamente más sólido y estaba cada vez más próximo. Tuvo tanto miedo que desenfundó el arma, la pistola que llevaba al cinto, y efectuó dos disparos que se incrustaron en la puerta. Después giró sobre sí mismo y comenzó a correr hasta salir del edificio. Nunca más volvió a aceptar hacer allí su guardia y solo contó el episodio a sus compañeros más allegados. Fue uno de ellos quien me refirió la historia. Los guardias de seguridad veteranos, me decía, rehuían sistemáticamente ese destino desde entonces.

¿Guardan las piedras el sufrimiento de quienes allí vivieron y padecieron durante siglos enfermedades y muerte? No lo sabemos, pero, desde luego, son dos episodios que bien valdrían una investigación en *Cuarto Milenio.* La historia del edificio da para estas leyendas y muchas otras, y más inquietantes resultan las narraciones en torno al lugar cuando vienen de los propios testigos de los acontecimientos, estrechándose así la línea que separa lo real de lo fantástico.

LA PUERTA DEL PERDÓN

Continuamos nuestro paseo rodeando la muralla hasta la entrada norte, la más amplia, la puerta de entrada por excelencia al Patio de los Naranjos, la Puerta del Perdón.[43] Hubo un tiempo en Córdoba en que los reyes de España se sintieron cómodos y bien acogidos en nuestra ciudad y contribuyeron a engrandecerla. Es el caso de Enrique II, quien, en el siglo XIV, financió la construcción de esta puerta, la más grande y monumental de las que dan acceso a la Mezquita-Catedral. De su aportación quedó constancia en la inscripción del arco, donde aún puede leerse «[...] del mes de marzo, de la era del César de mil cuatrocientos y quince años, reynante el muy alto y poderoso don Enrique Rey de Castilla et fijo del muy alto Rey don Alfonso [...]». Su escudo heráldico se enseñorea en las enjutas del arco.

El nombre de Puerta del Perdón lo podemos encontrar en muchas de las catedrales clásicas de nuestra geografía, como la de Sevilla o Toledo, por señalar un par de ejemplos. Recibe el nombre porque desde esta puerta el obispo dispensaba el perdón a quienes, por cualquier circunstancia, no habían podido pagar el diezmo. Era un acto solemne que se realizaba desde la balconada que se alza en la cara sur de la torre y que podréis ver desde el Patio de los Naranjos.

Aunque hoy la cruzamos alegremente con la vista puesta en el camino de canto rodado que nos lleva hasta la Puerta de las Palmas, no siempre fue así. De hecho, durante mucho tiempo tuvo un uso muy protocolario para subrayar la dignidad de quienes la cruzaban. María Ángeles Jordano[44] nos lo describe de esta manera:

---

43 Primo Jurado, Juan José (2011). *Iglesias de Córdoba.* Córdoba: Almuzara. Pág. 19.

44 Jordano, M.ª Ángeles (2016). «La Puerta del Perdón de la Mezquita-Catedral de Córdoba», en *Laboratorio de arte* 28, págs. 15-40.

Desde 1236 las fuentes revelan el uso protocolario de esta entrada y, por tanto, exclusivo en determinadas ceremonias: por ella pasaba el obispo tanto el día de la toma de posesión como el de su entierro; el rey ingresaba por ella cuando estaba en la ciudad; y, por último, el concejo de Córdoba acudía a las ceremonias litúrgicas en representación de la ciudad accediendo por este lugar.

Algo ha quedado, porque hoy es el paso obligado de entrada a la Catedral para las cofradías que procesionan en Semana Santa.

Sobre ella también se cuentan historias milagrosas o, cuando menos, misteriosas. Se refiere alguna de ellas a una gran tormenta que asoló Córdoba en 1727. Fue entonces cuando un enorme rayo cayó sobre la torre, causando graves daños en esta puerta. Respecto a los hechos prodigiosos, hay que contar con tres que causaron el asombro de los cordobeses. El primero de ellos es que cuatro mujeres que estaban durmiendo en las gradas, sorprendidas por la tormenta, creyendo que el cielo se les venía encima, corrieron a protegerse bajo la Puerta del Perdón justo cuando cayó el rayo, y milagrosamente sobrevivieron sin sufrir ningún rasguño. El segundo es que, según las crónicas, el rayo afectó a todo el encalado circular de la imagen retratada de la Virgen de la Asunción, que se encuentra en el centro, en la parte superior de la puerta. De resultas, el cuadro quedó totalmente ennegrecido por el humo, pero no afectó en nada al rostro de la Virgen, lo que parece inexplicable. Y el tercero es que, como consecuencia del impacto, se levantaron algunas piedras del pavimento, lo que en sí mismo es normal dadas las circunstancias, pero el hecho misterioso viene a continuación:

> [Se levantaron] dos piedras de jaspe blanco delgadas de tres quartas de largo cada una, dejando en sus sitios toda la cal con que estaban apretadas sin mover las compañeras, y el demonio parece se las llevó porque ellas ni se vieron más ni han aparecido, habiéndolas buscado con diligencia y cuidado.

Aunque bien pudiera ser que, más que un diablo, fuera algún diablillo despabilado quien, aprovechando la confusión, hizo con ellas mutis por el foro. Lo cierto es que nunca más se volvió a saber de ellas.

Puerta del Perdón (J. Aleu y I. Monrós, 1988).

Historias de la torre de la Catedral

EL SABIO QUE VOLÓ DESDE EL ALMINAR

Lo que vamos a contar ahora no es una leyenda, forma parte de nuestra historia. En el mundo occidental se hizo famoso Leonardo da Vinci por ser el primero en idear un ingenio volador cuyos diseños se nos conservan. El sueño del hombre de volar es tan antiguo como el propio ser humano. Todos recordamos a Ícaro —quizás la primera referencia antigua—, hijo de Dédalo y Caronte, a quien el rey de Creta encargó la construcción del famoso laberinto en la isla, allí donde recluiría a su hijo el Minotauro. Pero Ícaro sabía que, una vez terminado el laberinto, sería ejecutado, pues nadie que conociera sus secretos y cómo salir de él podría continuar con vida. Así que ideó una forma de librarse: construyó unas alas imitando a los pájaros, para lo cual utilizó plumas de ave pegadas con cera. De esa forma pudo burlar su sentencia de muerte. Pero hubo algo que se le escapó: al ascender, el calor del sol derritió la cera, se desprendieron las plumas y se precipitó en picado, muriendo al caer en el mar.

Perdonad este paréntesis mitológico, pero es que, muy posiblemente, este relato fuera conocido por el sabio andalusí, cordobés de adopción, nacido en Ronda, Abu l-qasim Abbás Ibn Firnás[45], el protagonista de la siguiente historia.

Durante el siglo IX d. C., Córdoba vivía un periodo de esplendor como nunca se había conocido en Occidente. Abderramán II fue un auténtico protector de las artes y las ciencias, y eso hizo encumbrar la ciudad más allá de lo imaginable, tanto que podemos afirmar que fue un Renacimiento anticipado. Atraído por este esplendor, Abbás Firnás se trasladó a Córdoba siendo apenas adolescente, con solo doce años, para estudiar con los mejores maestros. Pero pronto se dio cuenta de que había mucho más que aprender y fijó su atención en lo que entonces era la cuna del saber por excelencia, donde se encontraba la Dar al Hikma, la Casa de la Sabiduría. Allí estaban las mejores bibliotecas de su tiempo y allí acudían los mayores sabios del momento. Queda constancia de que nuestro sabio viajó a Bagdag al menos en dos ocasiones, lo que, teniendo en cuenta los recursos y medios de la época, constituye toda una proeza.

Su estudio, su constancia y su dedicación acabaron convirtiéndolo en un auténtico sabio que dominaba las ciencias y las artes, la ingeniería, la música, la poesía, la botánica... El resultado fue una inmensa contribución a la sociedad cordobesa gracias a sus inventos extraordinarios, que le abrieron de par en par las puertas de la corte. Su humildad y su arte conquistaron el corazón de Abderramán II, que se convirtió en su más firme protector y mecenas. Pocas personas han sido tan prolíficas como Abbás Firnás, hasta el punto de que su influencia llegó a revolucionar la industria y la agricultura de Córdoba. Cuando sucedieron estos acontecimientos, nuestro genio ya era famoso en la ciudad, por lo que su ocurrencia, el desafío de volar como las aves, levantaría sin duda una gran expectación.

Resulta fácil imaginar a la multitud curiosa siguiendo a los ayudantes de nuestro sabio mientras trasladaban los

45 Si el personaje provoca vuestra curiosidad, podéis leer su biografía en la reciente obra de Antonio R. Acedo del Olmo, titulada *Abbás ibn Firnás. El sabio de al-Andalus* y publicada por la editorial La Serranía (Cádiz) en 2021.

aparejos desde su casa, en el barrio de la Judería, hasta el antiguo alminar. A ellos se unirían en tropel los asistentes al mercado, que entonces se extendía por las calles de Deanes, Manríquez y de la Judería para abrirse frente a la muralla norte de la Mezquita. La noticia de su última locura se habría difundido como la pólvora, y todos estarían expectantes en la base de la torre, a la espera de acontecimientos.

—¿Qué ocurre? —preguntó un curioso.

—Abbás Firnás se va a arrojar desde el alminar para volar hasta el suelo —respondería alguno de los allí reunidos.

—¿Quién?

—Abú l-qäsim Abbás Ibn Firnás, el sabio. ¿No has oído hablar de él? Es famoso en todo el mundo.

—Soy extranjero y no sé nada de él.

Sus miradas no se apartaban del cuerpo superior del alminar, donde ya se apreciaban algunos movimientos en la preparación del aparejo.

—Es el gran sabio de Córdoba. Gracias a él, en las imprentas de Córdoba se utiliza un nuevo invento, el papel, mucho más barato y dúctil que el pergamino. Ha traído nuevos cultivos que están revolucionando la agricultura, el arroz, el azúcar con que endulzar las bebidas y los alimentos, el limón o una curiosa fruta deliciosa como la sandía. ¿La has probado ya?

—No, todo esto me suena extraño, acabo de llegar.

—No dejes de comprarla en el mercado. También ha revolucionado la industria. Ha inventado la forma de hacer cristal transparente con el que fabricar copas y poder ver el líquido, su color, a través de él, y ha descubierto cómo tallar el cuarzo, ya no tenemos que enviarlo a Egipto. Y si quieres saber la hora de noche, tiene un reloj de agua que marca las horas con precisión. También dicen que tiene en su casa un planetario en el que los astros se mueven como en el cielo y hay luces y sonidos de truenos y relámpagos.

—¿Y dices que se va a tirar desde allí arriba? Eso es un suicidio. ¿Cómo se le ha permitido, siendo un sabio tan famoso y necesario para la ciudad?

—Su amistad con el emir es enorme, fíjate que es su maestro de música y poesía. También domina este arte.

—Pues yo creo que es una locura.

Puerta de las Palmas, con la torre de la Catedral al fondo (Francisco Javier Parcerisa, 1855).

—Pero ¿te imaginas que lo consigue? ¿No sería maravilloso? El sabio que desafía al aire y sobrevive.

La clave era lograr oponer resistencia al aire. Así que imaginó cómo, dejándose caer sosteniendo una extensa lona, su resistencia ralentizaría y amortiguaría la caída. Ya había probado la resistencia al aire, estaba seguro de que funcionaría. Lentamente se subió al petril del cuerpo superior del alminar, algo más de cuarenta metros lo separaban del suelo, y, sosteniendo cuatro resistentes cabos atados a los extremos de una lona resistente, miró hacia abajo, midiendo la distancia. Sus ayudantes mantuvieron en alto el aparejo para que se desplegara correctamente y, a su orden, cuando dio un paso hacia el vacío, lo dejaron caer. La lona se hinchó y lentamente fue a caer hasta el pavimento, frente a lo que hoy es la Puerta del Perdón. La caída fue más brusca de lo esperado, pero sobrevivió y logró ponerse de pie entre la aclamación del pueblo allí reunido que no daba crédito a lo que acababa de ver. Entonces no se podía saber que habían asistido al nacimiento de lo que siglos más tarde llamaríamos «paracaídas». La expresión de júbilo fue extraordinaria y llegaron hasta él para subirlo en volandas hasta la presencia del emir. De rodillas, con la espalda doblada, apenas alcanzaba a alzar la cabeza. Abderramán II lo miró entre perplejo y entusiasmado:

—No solo admiro tu ciencia y tu arte, ahora también admiro tu valor. Has sido capaz de enfrentarte a la muerte fiado de tus conocimientos para hacer algo que ningún otro hombre fue capaz de hacer.

La dureza de la hazaña y el dolor persistente de espalda que le aquejó durante años deberían haberlo disuadido de su empeño. Tenía ya cumplidos los cuarenta años, que, para la época, era una edad avanzada. Pero no fue así. Siguió investigando el vuelo de las aves, intrigado siempre por su capacidad de sostenerse inmóviles en el cielo, sostenidas milagrosamente por una pequeña corriente de aire. La observación dio su fruto y la experiencia le sirvió para perfeccionar su invento. Una de las claves era que debía incorporar una cola como la de los pájaros, que permitiera dirigir el vuelo y graduar la altura. La otra clave estaba en las plumas, tan ligeras y resistentes, el auténtico milagro que permitía el vuelo de las aves, así podría lograr una mayor oposición al viento y ralentizar el aterrizaje. Y ahí estaba la inspiración de Ícaro.

Con esta idea siguió trabajando hasta lograr un artefacto con una ligera estructura de madera, cubierta con una lona superior donde había insertado las plumas de ave. Hay quien ha especulado con que el diseño de Leonardo da Vinci fuera una copia del invento de Ibn Firnás, con que, de alguna forma, pudieron llegar hasta él sus planos y diseños. Pero lo cierto es que, verdad o no, los planos originales del sabio cordobés no se nos han conservado y lo único que tenemos son las descripciones recogidas en las crónicas.

Sea como fuere, para remontar el vuelo, necesitaba más altura y una distancia abierta donde no tropezarse con casas o torres, sin miedo tampoco a golpear a los curiosos que, sin duda, se reunirían para presenciar el nuevo ensayo. Eligió a tal fin un paraje de la sierra cordobesa, en la Arruzafa, un saliente en los bancales que forman las estribaciones de los montes, donde el emir y los cortesanos acomodados pasaban los veranos para aliviar el calor de estas tierras. Allí el desnivel era perfecto y el vasto terreno yermo que se extendía hasta el horizonte le garantizaba una trayectoria segura. En el día acordado, una enorme multitud acudió a presenciar el evento. Muchos trataron de que desistiera de su locura, pero era mayor su sueño. Unos, a su alrededor, en las lomas cercanas; otros, esparcidos por la falda de la sierra y la campiña; el emir, con su séquito, bien acomodado en primera fila; todos contemplaban expectantes los preparativos sin poder creer que fuera a repetir el episodio que muchos no vieron pero que sí habían oído de boca en boca cuando se arrojó desde el alminar de la Mezquita. El emir Muhamad I, sucesor de Abderramán II, y su corte, desde un lugar privilegiado, también trataron de disuadirlo. Nada sirvió. Subió hasta el promontorio, se ató el aparejo, agarró fuertemente las alas y, tras unos momentos, cuando el aire hinchó la lona, se dejó caer al vacío.

Quienes lo vieron dan testimonio de que logró mantenerse en el aire durante diez minutos. Pero, en un momento dado, el ala quedó inerte y cayó precipitadamente en vertical. El golpe fue muy duro y se fracturó las dos piernas. La lesión de espalda se le recrudeció, pero sobrevivió. Y aún viviría más de una década hasta morir en el año 875. En ambos intentos lo salvó su enorme fortaleza física, por algo era apodado el Hijo del León.[46] Tenía entonces sesenta y dos años, pero había logrado lo que ningún otro hombre hasta el momento.

Sin embargo, la envidia es muy mala y, como siempre, hubo quien trató de ridiculizarlo. Ibn Said, asiduo de la corte, no le perdonaba su genio y le dedicó unos versos satíricos que surtieron justo el efecto contrario al deseado por el autor: logró inmortalizarlo. Dicen así:

¡Quiso aventajar al grifo en su vuelo,
y solo llevaba en su cuerpo
las plumas de un buitre viejo!

* * *

La hazaña quedó grabada en la historia de Oriente y fue repetida generación tras generación. Como os lo cuento, nos lo relata el historiador argelino Ahmed Mohammed al Maqqari ya en el siglo XVII, cuando el Renacimiento y la influencia de Italia y Roma encumbraron a Leonardo da Vinci, relegando al olvido a este insigne precursor del vuelo y el paracaídas. Sin embargo, su nombre y su hazaña han sido últimamente reivindicados, especialmente entre los musulmanes, y los homenajes han sido extraordinarios. Hay un puente en Córdoba, con forma de pájaro, que lleva su nombre, y también un aeropuerto en Irak, e incluso un cráter de la luna. Así, no es de extrañar que figure en la Galería de Innovadores Españoles de la sede del Muncyt en La Coruña.

Y es que, a veces, la historia, los hechos, supera a las leyendas y las fantasías. Ese es el genio de la humanidad.

46 Muñoz Molina, Antonio (1991), *op. cit.*, pág. 121.

EL FANTASMA DE LA TORRE

Sentados en la mesa camilla del primer cuerpo de la torre de la Catedral, allí donde Elena cobraba el acceso a los visitantes e introducía las diez pesetas en una caja de cartón, teníamos tiempo para escuchar historias. La imaginación es maravillosa, y el celo de Elena y Juan porque nuestras correrías de niños no nos llevaran hasta el campanario suscitaba el que nos metieran el miedo en el cuerpo. Quizás sea este el origen del famoso fantasma.

El acceso a la torre desde ese cuarto de estar, entonces familiar, era llamativo para los visitantes que asistían sorprendidos al protocolo de pagar el acceso de aquella manera. Antonio Muñoz nos lo cuenta así:

> La primera vez me detuvo en mi ascenso una puerta cerrada sobre la que había un pequeño cartel escrito muy torpemente con bolígrafo: «Para subir llamar a la puerta. Entrada 10 ptas.». Todo tenía tal aire de abandono —el papel, una hoja cuadriculada de bloc, estaba amarillento— que supuse que esa puerta llevaba cerrada años. Pero, cuando llamé, previendo que nadie me respondería, una mujer abrió. Tenía el pelo blanco y vestía una bata de casa más bien desaliñada. En su presencia, en los muebles del pequeño cuarto de estar al que daba directamente la escalera, había algo de anacrónico, como si esa mujer habitara allí desde hacía tanto tiempo que ya nadie se acordara de ella ni del motivo inexplicable por el que le concedió ese lugar para vivir. Cruzar su menesteroso comedor para seguir subiendo hacia el campanario costaba, efectivamente, diez pesetas, y cuando uno le pagaba —venciendo la incómoda sensación de estafar a una anciana— ella guardaba las monedas en un bolsillo de la bata y cerraba otra vez la puerta. Más tarde, cuando bajé, vi aquel comedor con muebles tapizados de escay y estampas en las paredes invadido por una populosa expedición de orientales con pantalón corto y cámaras fotográficas. Braceando entre ellos para encontrar la salida, me acordé de esa película de Buñuel en la que lentos carros de bueyes transi-

tan por un salón aristocrático y una vaca rumia tendida bajo el dosel de una cama Luis XV.[47]

Pero, para nosotros, era un cuarto de estar como el de cualquiera de nuestras casas en aquella época y lo veíamos como lo más normal del mundo. Entonces, el turismo acababa de despuntar en Córdoba y no había tantos miramientos con los protocolos y atenciones como hoy existen. El caso es que el oficio de campanero les daba el privilegio de vivir en aquel lugar mágico y atender la entrada de los atléticos visitantes dispuestos a subir sus doscientos tres escalones. Allí sentados, al brasero, nos contaban esta historia para templar nuestras travesuras infantiles, y la verdad es que resultaron eficaces, porque así sucedió. Vosotros decidís.

Corría el siglo x y Córdoba no dejaba de crecer en población, ciencias y arte. El poderío militar se había afianzado y nadie discutía el poder del nuevo califa, Abderramán III. La Mezquita era el lugar de culto, y también un lugar de reunión donde pasear o escuchar a poetas y maestros sentados en torno a cualquier columna. Pero era, además, una fortaleza que, si bien quería representar la firmeza de la fe con sus muros, «almenados de raigambre siria»[48], también había sido diseñada para defender al califa de ataques o revueltas populares tan frecuentes en la época. Y en sus techumbres, aún alberga las bóvedas donde el retén de la guardia combatía el frío con braseros y pequeñas fogatas que tiznaron los techos ennegrecidos durante siglos de atenta vigilia. Desde allí, se dirigían por pasillos volantes a hacer sus rondas custodiando las murallas día y noche. Dos son los accesos a la techumbre desde el interior de la Mezquita: uno está junto a las capillas de la ampliación de Almanzor; el otro, en la zona de Abderramán I. Desde allí, por una estrecha escalera de caracol, aún hoy accedemos a

47 *Ibidem*, pág. 25.

48 Primo Jurado, Juan José (2011), *op. cit.*, pág. 17.

los tejados hasta desembocar en una sala de cúpula y asientos circulares ahumados por las fogatas.

No era infrecuente en aquella época ver a las mujeres llegar al Patio de los Naranjos y asistir desde fuera al culto en su sitio establecido. Tampoco era infrecuente el recibir en la *alhama* las comitivas que venían a rendir homenaje al nuevo califa desde los sitios más lejanos para unirse a la oración. Alojada en la casa de un noble, próxima a la Mezquita, se encontraba una comitiva venida de Granada cargada de ricos presentes para el nuevo califa de Occidente y, entre ellos, siempre venían algunas esclavas. Una de ellas destacaba por su singular belleza, de largos cabellos y ojos negros como el azabache, de mirada y gestos humildes y sencillos. En las proximidades, al fondo de una estrecha callejuela, en una casa compartida, se alojaba uno de los guardias de la Mezquita, un muchacho joven con un futuro prometedor, valiente y buen guerrero.

Soldados árabes desfilando (Apeles Mestres, 1884).

Su valor en las razias le había valido el formar en la guardia de honor para el desfile que se organizó con motivo de la inauguración del nuevo alminar. Henchido de orgullo, formó con su caballo de pura raza, al paso, en columnas de a cuatro, detrás del alférez del escuadrón, que portaba la bandera ajedrezada y en tres picos de los omeyas. Se le había concedido el grado de oficial por su valor en el campo de batalla, él solo había logrado abatir a diez enemigos abriéndose paso entre sus filas. A Al-Mizzian no se olvidaría nunca ese día. Bien engalanado, la coraza bruñida reflejaba los rayos de sol, una banda blanca que cruzaba su pecho proclamaba el ser hijo del Profeta. Su mano izquierda sostenía la rodela mientras la derecha mantenía erguida la lanza propia de los caballeros. Al cinto, la gumía, con una empuñadura finamente labrada. Y en cabeza, un sencillo yelmo rodeado por el turbante. La espada doble descansaba enfundada en el arzón, y la capa, al viento. El día era hermoso y claro, lucía el sol y en el aire palpitaban los sones de atabales y las chirimías. En un momento dado, creyó percibir el aroma del azahar de los naranjos del Patio de Abluciones.

Al pasar bajo el nuevo alminar, el sol refulgía en las tres granadas doradas con que se coronaba la cúspide[49], las lanzas se inclinaron en señal de respeto al califa, que presenciaba erguido el desfile. La nueva obra era una maravilla, un nuevo motivo de orgullo para la ciudad. Con sus cuarenta metros de altura, se enseñoreaba sobre los tejados hasta abarcar el horizonte de la sierra cordobesa. El gentío, arremolinado, proclamaba sin cesar a su califa, quien, desde el pretil de la torre, desde donde el muecín debía llamar a la oración de los fieles, saludaba a sus súbditos y arrojaba monedas para regocijo de toda la ciudad.

Finalizó el desfile. Dejó su caballo a buen recaudo en los establos del patio del alcázar y se dirigía ya a su casa cuando, casualmente, se cruzó con una muchacha y no tardó en quedar prendado de ella. Solo fueron sus ojos negros mirándolo fijamente, pero el corazón puede perderse tras unos

49 El antiguo alminar estaba coronado por tres granadas o manzanas doradas. Véase González Llana, Manuel (1867), *op. cit.*, pág. 46.

ojos y leer más allá de lo que la luz nos muestra. Hay quien dice que esta ciudad está embrujada y nada hay comparable en ella a la belleza de sus mujeres. Lo cierto es que él supo, en ese mismo instante, que estaba contemplando a la mujer de su vida. La siguió, vio dónde vivía, se informó de quién era. Las noticias no eran nada halagüeñas. Pero, aunque resultaba imposible de alcanzar, no pudo apartarla de su pensamiento. Cuando caminaba tras su turno a descansar, siempre miraba la celosía, donde adivinaba los ojos de Azahara contemplándolo al pasar. Sentía arder el amor en su pecho. Rondó su calle, sus ventanas; respiró el aroma de la noche, y regresó sobre sus pasos cada vez que tuvo ocasión, sin perder la esperanza de verla una vez más, solo una vez más. Finalmente, se decidió y habló con el encargado de la comitiva para comprar a la esclava.

La respuesta fue rotunda: un regalo para el califa no podía ser vendido, y menos a un *mawali*[50]. Durante las semanas que precedieron al encuentro de Azahara con Abderramán, aún pudo cruzarse con ella alguna vez para desmayar ante su presencia. Y aprovechando un instante, un brevísimo instante en que, siguiéndola, entró en el mercado grande, se atrevió a dirigirse a aquella muchacha de ojos negros:

—Solo pido a Alá que me conceda la bendición de tu mano para hacerte mi esposa.

Ella lo miró, y él trató de adivinar una sonrisa que inflamó aún más su corazón. Estaba decidido a reclamar para sí algún privilegio que le permitiera alcanzar sus sueños; al fin y al cabo, era un soldado destacado, guardián de la *alhama*. Decidió esperar a que fuera cedida como regalo al califa para realizar las gestiones que le permitieran desposarla porque de lo que ya estaba seguro es de que no podría vivir sin ella.

Por fin llegó el día en que las ocupaciones de Abderramán III le permitieron recibir a la comitiva. Pero entonces sucedió lo que nadie podía imaginar: el califa quedó pren-

50 Musulmán no árabe. Ocupaban un rango inferior en la escala social, a pesar de su entrada en el ejército.

dado de la belleza de la esclava, hasta el punto de dirigirse a ella directamente:

—¿Cómo te llamas?

—Azahara, mi señor.

—¿De dónde eres?

—Soy de Sierra Elvira, señor, junto a las faldas de Sierra Nevada, en Granada.

Fue tal el impacto que causó en el califa que no tardó en rendirla con espléndidos regalos. La hizo su esposa y pronto se convirtió en su favorita. Lo demás ya es historia. Cuentan que, inspirado por ella, ordenó construir la ciudad palatina más lujosa y bella que jamás se hubiera soñado, y la levantó en las afueras de la ciudad, en la falda de la sierra de Córdoba, desde donde se podían contemplar los campos y las acequias, el trigo y los frutales, las higueras y los chopos, con salas recubiertas de mármoles decorados, donde las fuentes siempre arrullaran con su música y estrellaran los reflejos del sol al amanecer contra las techumbres, logrando la magia de las mil y una noches. Y le puso su nombre: Medina Azahara. Aún se conservan allí los restos que son testimonio de su grandeza.

Pero la expresión de Azahara, su amada, no era de felicidad. Entre tanto lujo, su rostro mostraba una melancolía que perturbaba al califa.

—Azahara, dime qué te ocurre, porque tu rostro me oculta la luz de tu sonrisa. Dime qué necesitas y lo tendrás —le pidió Abderramán.

—Ay, lo que necesito ni siquiera tú podrías alcanzarlo con todo tu poder.

—Dímelo, porque creo que nada me es imposible si es tu deseo.

—Ante tanta belleza, solo me faltan las cumbres nevadas de mi tierra, esa nieve que me acerca al cielo desde su blancura inmaculada.

No sabremos nunca si esa era o no la auténtica razón de su melancolía. Entre tanto lujo y atenciones, quizás recordara a aquel esbelto guerrero que un día le confesó su amor. Y cuentan que Abderramán ordenó plantar de almendros toda la falda de la sierra para que, al florecer en primavera, el blanco de sus pétalos emulara la nieve de las sierras añoradas. De esta forma logró que volviera la sonrisa al rostro de su amada, que ya no recordaba a aquel soldado que la pretendió a su llegada a Córdoba.

Y el pobre guardián quedó sumido en una desesperación mayor a cada noticia de la felicidad de Azahara en un nuevo mundo que él jamás podría ofrecerle. Sin embargo, su corazón no aprendía, no podía renunciar a esos ojos negros como la noche más oscura que se clavaron en su alma. Era un invierno frío, no había incursiones a las tierras cristianas en las que desfogar el ansia de su corazón, esperaría las nuevas campañas asignado al cuerpo de guardia de la *alhama*. En una noche helada y sin luna, abandonó el pequeño cuarto abovedado donde descansaban y realizaban el relevo para efectuar su ronda. Caminó sobre los estrechos pasillos, por entre las naves, hasta llegar a la muralla, y continuó como hipnotizado hasta el nuevo alminar. Mirando la calle desde donde vio aquel día a Abderramán, el glorioso califa, aclamado por su pueblo, recordó por un instante la felicidad que le embargó el día del desfile, y eso hirió aún más su corazón, asomándolo al vacío de la ausencia. Subió hasta lo más alto, allí donde el muecín ponía voz a su fe, pero solo oyó el silencio. Miró a lo lejos, vio unas luces en las que parecía adivinarse el resplandor de Medina Azahara, sus muros blancos, y la imagen de su amada se dibujó en su imaginación tal y como la vio la primera vez. ¿Qué le hubiera podido él ofrecer, pobre iluso, si hasta la ciudad lleva su nombre para esculpirlo en la eternidad? Dejó a un lado la rodela y la lanza, simplemente dio un paso al frente y se arrojó al vacío.

* * *

Desde entonces, en las noches sin luna y sin estrellas, me contaba Juan, el campanero, por la torre de la Catedral, en el segundo cuerpo, allí donde acababa el alminar y hoy resuenan las primeras campanas, se puede ver el espectro del joven guardián en la esquina oeste. Él lo vio como una bruma oscura pero nítida. Pensó que era un fenómeno extraño, niebla quizás, y enfocó hacia allá su linterna. Entonces lo vio, su capa ondeando al viento, su alfanje ceñido y su adarga contra el pecho, sosteniendo su lanza, mirando al horizonte, hacia donde está Almodóvar. Y al iluminarlo, volvió el rostro: lívido y macilento, sus ojos hueros, su gesto torvo al volver la cabeza, un cráneo esculpido como de arena blanca, congelaba el alma. No hizo ningún otro movimiento, pero intuyó de algún modo el amargo reproche de haber quebrantado su contemplación. Juan se quedó literalmente helado hasta los huesos y lentamente, sin girarse, caminó de espaldas hasta poder doblar la esquina y huir corriendo. Contaba que, en su mirada, se sintió atraído por el vacío, experimentó la tentación de arrojarse él mismo y, por un instante, supo que, si no escapaba, acabaría precipitándose también, sin remedio. Desde entonces, Juan evitó, siempre

Retrato de una mujer andalusí (Apeles Mestres, 1884).

que podía, subir en las noches sin luna y, cuando no tuvo más remedio, jamás volvió a mirar hacia esa esquina donde el espectro permanece penando su amor.

No sabemos si Azahara desde allí lo está esperando, asomada a las blancas murallas de la Medina. Lo que sí sabemos es que en esas noches sin luna y sin estrellas no debemos pasear por la torre. Igual la historia fuera inventada por Juan, el padre de Gabriel, para evitar que aquellos niños, con sus travesuras, decidieran alguna noche explorar la torre donde vivían, consciente del peligro que suponía. Y la verdad es que, si fue por eso, la historia funcionó muy bien, porque nunca nos atrevimos a deambular entre las campanas después de anochecer.

LAS CAMPANAS DE LA TORRE

Pasear por la judería es ir acompañado por el toque de las campanas de la torre de la Catedral, el cual durante siglos ha acompasado la vida de los cordobeses. De recién casados, durante casi dos años, vivimos en la calle Conde y Luque. Recuerdo la desesperación de mi esposa al no poder dormir a causa del sonido nocturno de las campanas. Nacido en este barrio, sus toques acompañaban dulcemente mi sueño, pero entiendo que, para quien no está acostumbrado, el escuchar los cuartos y las horas enteras durante el descanso nocturno podía llegar a suponer todo un suplicio. No sé cuándo, exactamente, se suprimió esa costumbre que ordenaba un toque, dos, tres o cuatro en los cuartos, más las horas enteras, durante la madrugada. ¿Os imagináis?

Lo curioso es que las campanas de la Mezquita-Catedral tienen nombre propio, y hay alguna de ellas que tiene su toque particular y su leyenda, esta vez, histórica y que la tradición ha mantenido hasta hace poco. No todas las campanas son iguales, tampoco tienen el mismo sonido: existen campanas de señales, litúrgicas y de reloj. Las primeras avisan cuándo deben comenzar y finalizar los repiques; las segundas las ejecutan; las terceras están acompasadas al reloj y marcan el horario cada cuarto de hora y las horas enteras. Las de señales son pequeñas, están situadas en el Altar Mayor y en la propia torre. Las segundas y terceras, en la misma torre. Su nombre propio y la fecha de fundición aparecen grabados en el cuerpo de cada campana: la Esquila, la del Santísimo Sacramento, la de la Asunción de Nuestra Señora de la Concepción, San Zoilo, San Antonio, Santa Victoria, la Campana del Alba, Santa María de la Paz, San Pedro y la campana de Santa María (la Gorda) y la de San Rafael. Los toques son los comunes a todas las catedrales. Personalmente, me sobrecogía el toque de difuntos, esa alternancia del timbre grave y agudo, porque anunciaba una desgracia en un barrio en el que todos éramos conocidos. Pero hubo un toque especial en Córdoba, diferente, y que tiene su historia: el toque de la Cepa.

El doble de la Cepa tuvo su origen en la batalla que se disputó en el Campo de la Verdad, la explanada que se extiende más allá del Puente Romano y la Torre de la Calahorra, la antigua Saqunda, donde se instaló un cementerio árabe después de arrasar el barrio como escarmiento tras una revuelta en tiempos del califato. Pero los hechos que vamos a narrar sucedieron más tarde, en 1368, cuando Córdoba, cansada del desgobierno y de los abusos que padecía en las luchas civiles entre Pedro I el Cruel —o el Justiciero, si lo preferís—, el rey legítimo, y su hermanastro Enrique de Trastámara, optó por luchar a favor del segundo. Una historia desgraciada de la que nos ocuparemos más adelante, al hablar de uno de los fantasmas que, según dicen, vagan por la antigua Mezquita-Catedral.

Pedro I se había aliado con el rey de Granada, el musulmán Muhammed VI, al que prometió el botín de la conquista si lograba tomar la ciudad. Este vino contra Córdoba y, tomando la Torre de la Calahorra, se dedicó a asaltar y masacrar a la población. Córdoba pidió ayuda a Enrique de Trastámara, quien acudió en su auxilio y liberó la ciudad con un escogido grupo de jinetes. La hazaña inflamó los ánimos de la población, que se levantó en armas. La batalla que se libró fue heroica, y en ella los nobles cordobeses, entre ellos don Alonso Fernández de Córdoba y don Juan de Aguilar, demostraron tal valentía y arrojo que no solo merecieron el respeto de los habitantes testigos de su hazaña, sino también el del propio obispo, don Andrés Pérez Navarro, que les concedió el derecho y el honor de que doblara la segunda campana de la torre, la campana de la Cepa, para anunciar en lo sucesivo la muerte de los héroes o sus descendientes directos. Este toque, durante siglos, significó el fallecimiento de uno de los grandes de la ciudad, descendientes de aquellos caballeros que liberaron la ciudad; aunque su uso fue deteriorándose con el tiempo y llegó a aplicarse para señalar el fallecimiento de alguna mujer de la collación o de alguien importante por sus méritos o fama. Hoy ya ha desaparecido.

De esta historia, según se cuenta, procede también el nombre que recibe el barrio del Campo de la Verdad, de una supuesta conversación entre don Alonso y su madre, doña Aldonza de Haro. Rumores malintencionados habían cuestionado la fidelidad de don Alonso a la causa de Trastámara, una traición que su madre no estaba dispuesta a aceptar por el deshonor que hubiera supuesto a la familia, por lo que, antes de la batalla, conminó a su hijo para que luchara a favor de la causa y acallara de una vez por todas esos bulos. Ante la advertencia de su madre, don Alonso respondió: «En el campo se verá la verdad». Y así se quedó bautizado este barrio. Como veis, todo tiene su historia, y ya nadie se acuerda del cementerio que daba entrada a Córdoba desde la carretera de Granada, la ciudad de los muertos que había que atravesar para llegar por el Puente Romano hasta la Puerta del Puente, el acceso a la ciudad de los vivos.

La campana Gorda, como en otras tantas catedrales, causa admiración y miedo por su tamaño enorme. Tanto es así que un tosco poema popular reza así:

Santa María me llamo,
cien quintales peso;
el que no lo crea

que me tome en peso,
me de una vuelta
por la ciudad
y aquí me vuelva
luego a dejar.[51]

En nuestras correrías infantiles era una muestra de valor el situarse debajo de ella e imaginar qué podría suceder si se cayera en ese momento, o jugar con el eco a base de gritos, o escuchar su sonido cuando la golpeábamos con una moneda o algún objeto metálico. El hecho pasó al folclore popular de la ciudad y, siendo niños, recorríamos las calles en Navidad pidiendo un aguinaldo con el que invariablemente íbamos al puestecillo de Castro en Conde y Luque, o al de Fidela, en Altos de Santa Ana, o al de la Puerta de Almodóvar a comprar alguna chuchería. Entonces, al son de las panderetas que nos servían de platillo, cantábamos aquello de…

Dame el aguinaldo,
carita de rosa,
que no tienes cara de ser tan roñosa.
La campana Gorda de la catedral
se te caiga encima si no me lo das.
Y si me lo das, y si me lo das,
que pases las fiestas con felicidad.

Y los vecinos, de puerta en puerta, nos aguantaban estoicamente regalándonos alguna moneda suelta que después cambiaríamos por golosinas y refrescos sentados en corro en las escaleras de la plaza del Cardenal Salazar, allí a la entrada de San Pedro Alcántara, o en el mismo Patio de los Naranjos. Aquella costumbre cantarina me gustaba mucho más que ese «susto o trato» importado para la noche de los difuntos y que hoy tanto se ha extendido.

---

51 Ricardo de Montis y Romero (1925). *Notas cordobesas*. «Las campanas de Córdoba», vol. v, 38, *Diario Córdoba* (s. p.).

En las fiestas solemnes tocan todas las campanas, llenando el ambiente de un aire exultante y festivo. Pasear la judería el día del Corpus Christi o el día de la Ascensión es todo un espectáculo sonoro que hace temblar hasta las calles, las paredes encaladas y los corazones. Pero hoy, por aquello de la contaminación acústica, se usan menos repiques y se ha acortado la duración de estos conciertos sonoros tan arraigados en el barrio. Espero que, en alguna de vuestras visitas, podáis disfrutar de ese festival de sonidos tan nuestro.

EL ARCÁNGEL SAN RAFAEL CORONANDO LA TORRE DE LA CATEDRAL

Coronando la torre verás de nuevo la imagen de San Rafael. En tu acercamiento al monumento, ya lo habrás visto en el Triunfo que se alza junto a la Puerta del Puente, sobre una magnífica columna. Ese fue diseñado por un escultor francés formado en Italia, Luis Verdiguier. También a él se debe la fuente circular próxima, «un pilón de bordes muy bajos y adornada en su centro con la figura de un quimérico pez cabalgado por un niño».[52] Es un espacio donde los cordobeses, antiguamente, acudían a pasear, tomar el fresco de la brisa del río y otear las crecidas en los ojos del puente o en los molinos. El Triunfo de San Rafael, junto al Puente Romano, se eleva sobre el antiguo cementerio de los ahogados, donde también encontraban sepultura los fallecidos en el Hospital de San Sebastián. Pero el tiempo siempre acaba borrando la memoria y terminamos perturbando la paz de los difuntos:

> […] pasados muchos años, perdidas las memorias del hospital y de quienes eran sus propietarios, la vendiese al Seminario de San Pelagio para la ampliación del mismo, en 1735, que

52 AA. VV. (s. a.). *Fuentes de Córdoba.* Córdoba: Imprenta San Pablo. Pág. 86.

empezaron a abrir cimientos para caballerizas y otras oficinas; más viendo la multitud de restos humanos que exhumaban, se concretaron a tomar sólo una parte, o sean los miradores que tiene el Colegio hacia el rio, dejando la restante, o sea lo ocupado actualmente por el paseo del Triunfo.[53]

Es mucha la devoción que en Córdoba se le tiene al arcángel san Rafael. La historia arranca de antiguo y sigue viva, tanto que, cuando se decidió reunir en una misma fecha el día de los tres arcángeles —san Miguel, san Gabriel y san Rafael— en el 29 de septiembre, tras el Concilio Vaticano II, la Iglesia cordobesa solicitó y logró mantener la festividad de San Rafael en Córdoba en su día, el 24 de octubre. Hay cosas que no pueden ni deben cambiarse cuando toda una ciudad clama por ello.

Toda esta devoción comenzó en la Edad Media, cuando asolaba una gran peste en Europa. El miedo se apoderaba de la población y nadie se atrevía a salir de sus casas. Ahora, que hace poco pasamos la terrible pandemia del COVID, podemos entender mejor la histeria colectiva que nos conmocionó a todos como aquella otra que entonces agitó a la ciudad. Para entender el ambiente, nada mejor que releer el testimonio escrito de lo que se vivió. Boccaccio, en *El Decamerón*, nos lo relata, de acuerdo con la mentalidad de la época, como un castigo divino, y así debieron entenderlo también los habitantes de Córdoba. Este era el ambiente que se respiraba durante la epidemia del siglo XIV:

> [...] fue en virtud de la justa ira de Dios enviada a los mortales para corregirnos [...]. Y no valían contra ella previsión ni providencia humana [...]. Al empezar la enfermedad, nacíanles a las hembras y varones, en las ingles o en los sobacos, unas hinchazones que a veces alcanzaban a ser como una manzana común y otras, como un huevo [...]. Y, al poco tiempo, las mortíferas inflamaciones empezaron a aparecer indistintamente en todas partes del cuerpo; y en seguida los síntomas

53 Ramírez de Arellano, Teodomiro (2017), *op. cit.*, pág. 177.

de la enfermedad se trocaron en manchas negras o lívidas que en brazos, muslos y demás partes del cuerpo sobrevenían en muchos [...]. Y no parecían servir ni consejos de médicos ni mérito de medicina alguna [...].

Adquirió aquella peste mayor fuerza porque los enfermos la transmitían a los sanos al comunicar con ellos, como el fuego a las cosas, secas o empapadas, que se le acercan mucho. Y aun esto se agravó al extremo de que solo el hablar o tratar a los enfermos producía a los sanos enfermedad y muerte, sino el tocar las ropas o cualquier objeto sobado o manipulado por los enfermos transmitía la dolencia al tocante.[54]

También podéis leer la magnífica novela de *El médico*[55] o ver la película, si lo preferís, con una espeluznante y extraordinaria puesta en escena. Fue en este ambiente de angustia y muerte, de desesperación, cuando se produjo la primera aparición del arcángel en 1278, y lo hizo, según consta en las crónicas, ante el padre Simón de Sousa, un fraile del convento de la Merced. En su aparición, san Rafael le comunicó que debía hablar con el obispo, don Pascual de Córdova, para que colocara una estatua encima de la torre y celebrase una fiesta en su honor, asegurándole que, con esto, acabarían los contagios y volvería la normalidad a nuestra ciudad. El hecho es que, al parecer, así se hizo y así ocurrió.

Pero no acaba aquí la historia porque, un par de siglos más tarde, cuando de nuevo se vio la ciudad asolada por la enfermedad, volvió a aparecerse en sueños; esta vez, a un sacerdote, el padre Andrés Roelas. Este no quiso darle importancia, en un principio, pensando que no era más que eso, un sueño. Pero volvió a aparecérsele una y otra vez. Ya el día 7 de mayo de 1578, en la quinta aparición, el padre Roelas, intrigado, le preguntó quién era, a lo que el arcángel respondió:

54 Boccaccio, Giovanni (1972). *El Decamerón*. Barcelona: Círculo de Lectores. Págs. 33-34.

55 Gordon, Noah (2008). *El médico*. Barcelona: Rocabolsillo (21 ed.). La película, dirigida por Philipp Stölzl, con un magnífico elenco de actores, la podéis encontrar en Amazon Prime.

«Yo te juro, por Jesucristo Crucificado, que soy Rafael, ángel a quien Dios tiene puesto por guarda de la ciudad». Y no contento con esto, también le reveló otra noticia que marcaría la devoción cordobesa: los huesos enterrados en la parroquia de San Pedro pertenecían a mártires cordobeses, y debían ser custodiados y venerados porque protegerían a la ciudad de muchos males que estaban por llegar. Tras estas manifestaciones, también en esta ocasión, desaparecieron los fallecimientos como por ensalmo.

El padre Roelas no difundió estas revelaciones pensando que lo tomarían por loco, que quizás todo fuera un engaño de sus sentidos, y se limitó a consultar el suceso con los teólogos de la Compañía de Jesús y con el presbítero de la ciudad. El asunto se mantuvo así en secreto. Diez años más tarde murió, y tuvieron que pasar otros veinticinco años hasta

Triunfo de San Rafael (ilustración anónima para *Dictionnaire populaire illustré d'histoire*, 1863).

que el entonces presbítero don Juan del Pino decidiera consultar en 1603 sobre la conveniencia o no de autentificar y hacer o no públicas las revelaciones del arcángel al padre Roelas. Las autoridades eclesiásticas revisaron el caso, las dieron por auténticas y fueron hechas públicas. A partir de este momento, una gran admiración se unió a un fervor creciente que no ha abandonado la ciudad desde entonces a lo largo de los siglos, con una fe que puede rayar, a veces, en el fanatismo, como sucedió en el siglo XIX.

Cuando en 1860 hubo una epidemia de cólera en Sevilla, nos cuenta Ramírez de Arellano[56], se corrió el rumor de que iban a llevar la imagen del santo a la capital hispalense en una rogativa, y los cordobeses reaccionaron contra la idea. Pensaron que, si se llevaban la estatua, Córdoba quedaría sin la protección de su arcángel y la epidemia vendría sobre ellos. Así que los vecinos, ni cortos ni perezosos, se organizaron montando guardia todas las noches, armados con gruesos palos, junto a las imágenes del custodio, para evitar así que nadie las tocase.

Prueba de la devoción al arcángel a lo largo de los siglos, es la presencia de san Rafael por toda la ciudad. Para salvaguardar la salud y mantenerla a salvo de todo mal, a la entrada de cada camino de acceso a la ciudad, se fueron levantando sucesivos triunfos como guardianes impasibles que bendicen a todo aquel que entra y sale de Córdoba. Antiguamente, el acceso desde Sevilla se hacía por el Puente Romano. Allí encontraréis dos estatuas: una en medio del puente, del siglo XVII (1651), obra de Bernabé Gómez del Río —su fotografía con la Mezquita-Catedral y la Puerta del Puente de Felipe II al fondo es un cuadro que no falta a ningún aficionado—, y otra estatua la veréis en la explanada que hay junto al Seminario de San Pelagio, enfrente de la calle Torrijos, alzada sobre la columna, dominando el horizonte. Esta, mucho más elaborada, fue obra de Michel Verdiguier, que con el tiempo acabó dando nombre a la Puerta del Puente, conocida en la ciudad

56 Ramírez de Arellano, Teodomiro (2017), *op. cit.*, tomo IV, págs. 148 y ss.

como el Arco del Triunfo. Esta perspectiva, desde la Torre de la Calahorra, es la imagen viva del escudo de la ciudad.

A la entrada desde Madrid, encontraréis la estatua de Puerta Nueva. Asimismo, veréis al santo en el llamado Puente Nuevo, en la estación antigua de RENFE. Y también se alza en plazas recoletas, como la del Potro, la de los Aguayos, la de la Compañía o en la del Conde de Guadalhorce, y en altares, como el de la calle Candelaria, en la esquina con Lineros. Solo queda una entrada por guardar, la última, la más reciente, la del nuevo puente llamado de Abbás Ibn Firnás, que nos lleva por la circunvalación hasta Sevilla o Málaga. Será cuestión de solicitarlo al Consistorio para no perder las tradiciones y estar bien seguros de que todo aquel que entre o salga de la ciudad por cualquiera de sus rutas será observado y bendecido por nuestro arcángel.

A san Rafael lo veréis representado con un pez en la mano y una calabaza, siempre elevado sobre un capitel o un pilar. En las plazas solía protegerse la imagen con una verja de hierro, y la devoción popular procuraba que nunca faltaran cirios y mariposas, acompañados de ruegos, promesas o agradecimientos, y que, con frecuencia, iluminaban los espacios con luz titilante durante las noches, confiriendo un ambiente casi mágico. Resulta sobrecogedora, por ejemplo, la imagen del Cristo de los Faroles en la plaza de Capuchinos, una visita obligada que nos invita al recogimiento y a la oración. Aún hoy podréis observar la huella de la cera y los cirios marcados en el pedestal de la imagen del Puente Romano, y, si tenéis tiempo, encenderéis un cirio con una plegaria que os proteja a vosotros y a vuestra familia de todo mal. Siendo el custodio perpetuo de nuestra ciudad, no es de extrañar que se le reservara el lugar más alto, la torre de la Catedral, desde donde divisar todo el horizonte.

Es una costumbre muy arraigada el celebrar el día de San Rafael, el 24 de octubre, fiesta local. No hace mucho, nos íbamos en familia al campo a disfrutar de un «perol», un buen arroz regado con vino de Montilla; un día muy esperado por los niños, que corríamos libres con primos y hermanos entre risas y juegos. Desgraciadamente, el nuevo ritmo de la vida está ahogando estos hábitos asociados al Puente Mocho, al Cañito Bazán o a los Villares, sustituidos por niños aislados frente a las pantallas, encerrados en su cuarto.

Su omnipresencia guardaba también conventos y monasterios. El arcángel que hoy corona la histórica plaza del Potro, en su día, custodió el convento de la Arruzafa, antes de ser transformado en parador de turismo. Es una imagen asociada a Córdoba antigua y moderna. Su figura permanente no pasó desapercibida a nuestros visitantes, algunos ilustres, como Federico García Lorca, a quien debemos estos versos:

> [...] Arcángel aljamiado de lentejuelas
> oscuras, en el mitin de las ondas
> buscaba rumor y cuna. Un solo pez
> en el agua. Dos Córdobas de
> hermosura. Córdoba quebrada en
> chorros. Celeste Córdoba enjuta.
>
> Federico García Lorca
> («San Rafael», *Romancero gitano*).

LA VIRGEN DE LOS FAROLES

Vamos a seguir paseando por los muros antes de entrar en el Patio de los Naranjos. Si avanzamos por la calle Cardenal Herrera, la cara norte de la Mezquita-Catedral, caminando hacia la calle Encarnación, dejamos atrás la Puerta del Perdón y la Puerta del Caño Gordo. Esta puerta, levantada ya en el siglo XVI, toma su nombre del pilón con el gran caño de bronce y brocal de mármol negro, donde, hasta hace poco, iban los aguadores a rellenar los cántaros de los borriquillos para repartir entre las casas del barrio. A principios de siglo XX, era un punto de encuentro para chiquillos y paseantes gracias a Rafaela, una típica arropiera, cuando el barrio pertenecía a los vecinos y cada esquina tenía su afán:

La Virgen de los Faroles (Julio Romero de Torres, 1928).

En las primeras horas de la tarde, puntual como un reloj, instalaba su puesto junto a la fuente Rafalica la Arropiera[57]. Y era el puesto, en cuestión, una verdadera confitería, capaz de hacer la competencia a la de Hoyito.

En la mesa diminuta, pintada de color azul, colocados cuidadosamente sobre pedazos de hoja de lata, había dulces de infinitas clases, muchos de ellos hoy desconocidos. Arropías blancas y de clavo, trozos de piñonate, suspiros de canela, bolas de caramelo simulando cerezas con un esparto por cabo, cartuchos de microscópicos anises, sujetos con un arillo de mazapán, cañamones, almendrados, figuritas llenas de licor, barquillos semejando sombreros de canal y otros muchos.

En un lado de la mesa el jarrero, lleno de limpias y sudorosas jarras; en otro, el azafate[58] de latón pintarrajeado con los ramos de jazmines y el mosquero hecho de tiras de papel multicolores, y en el suelo la macetilla de los altramuces, la de las almezas y el haz del palo dulce.

Rafalica sentábase en su establecimiento, orgullosa de él, y aguardaba pacientemente la llegada de su parroquia, que era muy buena, entretenida unas veces haciendo calceta y otras charlando con las comadres o con Miguelete, aquel famoso cicerone de los visitantes de la Mezquita, que concedía más importancia a la cruz del Cautivo y a la columna de azufre que a la capilla del Mirhab, y solía decir a los extranjeros que las hojas de la Puerta del Perdón son de corcho.

A las horas de terminar la clase en las escuelas, una turba de muchachos rodeaba la mesilla y la pobre arropiera necesitaba tener más ojos que Argos para evitar cualquier trastada.

Al anochecer los vecinos del barrio convertían en paseo los alrededores de la Catedral y las muchachas, formando grupos, acompañadas de sus novios, acudían al puesto de Rafalica para beber el agua de sus jarras después de haberse endulzado la boca con una arropía[59] o para comprar los ramos de cabezuelas hechos en relucientes alambres.[60]

---

57 Que vende arropías o dulces.

58 Bandeja o fuente con borde de poca altura.

59 Dulce hecho con miel.

60 Montis, Ricardo de (1911). «El caño gordo», en *Notas cordobesas*. Tomo I. Córdoba: Imprenta del Diario de Córdoba.

La fuente trae el agua desde la Arruzafa, y es tan antigua que ya se cita en las crónicas árabes por el poeta Muhammad Suhayd en tiempos de Alhaken II, en el año 967.[61]

Y justo a continuación, antes de doblar la esquina para degustar la célebre tortilla de patatas que hizo famoso a Santos, encontramos en alto, adosada al muro, la imagen de la Virgen, protegida por rejas y rodeada de faroles. Es mucha también la devoción que hubo en Córdoba por esta Virgen, pero el tiempo la fue borrando hasta pasar casi desapercibida, si no es por el continuo trasiego de la visita turística obligada a la calleja de las Flores, que, cuando salimos de ella y giramos de nuevo hacia la Mezquita-Catedral, desde la calle Velázquez Bosco, se nos hace presente, como un cuadro suspendido en el tiempo, una Virgen en actitud arrobada, mirando al cielo con las manos extendidas. A ella dedicó el poeta cordobés Antonio Fernández Grilo esta sencilla poesía:

¡Bella como del alba
los tornasoles,
es la Virgen bendita de los Faroles!
¡La catedral con ella
guarda su muro,
y es de los cordobeses
puerto seguro!

Como sucede en muchas ciudades, las habladurías son maledicentes, tanto más mordaces cuando se salpican con algo de verdad. Originariamente, el cuadro de la *Virgen de los Faroles* representaba a la Inmaculada, una pintura barroca del prebendado don Antonio Fernández Castro, realizada por encargo de un vecino, don Rodrigo Rubio, que cada noche encendía sus dieciocho faroles —hoy solo son once—. Pero en una época, principios del siglo XX, en 1928, cuando se iluminaban con velas los faroles, un incendio acabó destruyendo completamente el cuadro original. A raíz de este lamentable

61 AA. VV. (s. a.). *op. cit.*, pág. 82.

suceso, el por entonces alcalde de la ciudad, don Rafael Cruz Conde, encargó un nuevo cuadro a un gran pintor cordobés de renombre: Julio Romero de Torres —no dejéis de visitar su casa museo en la plaza del Potro; un enclave histórico citado, entre otros, por Miguel de Cervantes—. Se decidió dedicar el nuevo cuadro a la Virgen de la Asunción, por ser esta la advocación que da nombre a la Catedral de Córdoba. Para el lienzo, el pintor eligió a una modelo mejicana, doña Carmen Gabucio Sánchez Mármol, cuya biografía bien merece una novela. Se la presentó nada menos que su amigo don Ramón María del Valle-Inclán, quien la apodaba con cariño la Niña Chole, porque, al parecer, le recordaba a uno de sus personajes femeninos en las *Sonatas*. Como era comidilla popular el hecho de que el pintor se beneficiaba a las modelos que representaba en sus cuadros, no tardaron en llamar a la imagen la Virgen Puta, aunque esta denominación no trascendió de los corrillos malintencionados, que siempre los hay.

La pintura original del siglo XVII se encontraba en la capilla de San Bartolomé, en el muro del mihrab, donde hoy se hallan los restos del insigne poeta don Luis de Góngora. Allí, cada año, la Real Academia de Córdoba le rinde un homenaje. En aquella época, la capilla estaba cerrada, pero ya en el siglo XX se derribaron los muros laterales para dejar visto el frontal del mihrab. Como sucede en estos casos, no hay rincón sin leyenda en nuestra ciudad. Y contra la bendición de la Virgen siempre está la tentación del demonio.

Cuentan que, después de una intensa noche de tabernas y juego, un hidalgo cordobés regresaba a su casa bordeando la muralla de la Catedral. Su carácter libertino no impedía su gran devoción a la Virgen y, cada vez que regresaba, no dejaba de encomendarse a ella, pidiéndole perdón por su vida disoluta. Aunque tanto arrepentimiento no le impedía volver a las andadas al día siguiente o en la misma noche si se presentaba la ocasión. Y aquella madrugada sucedió algo insólito por ser una hora ya avanzada. La campana de la torre daba ya los cuartos de las tres cuando se cruzó con él una mujer que caminaba sola por la calle en dirección al convento de la Encarnación. De talle fino y caminar cimbreante, vestida de negro y velada, era todo un misterio que despertó vivamente su curiosidad. Nuestro hidalgo no dudó en acercarse y tratar de trabar conversación con ella. Los requiebros y galanterías se sucedieron. Como si no lo oyera, ella siguió caminando, y, cuanto más lo ignoraba, más se inflamaba su imaginación y su empeño en descubrir quién era la misteriosa mujer, conocer su historia y procurar la aventura. Así siguió insistiendo hasta que al fin obtuvo respuesta en un tono frío y distante:

—Desistid de vuestro empeño u os arrepentiréis.

Lejos de amedrentarlo, aquella voz lo incitó aún más a continuar.

—Dejadme al menos ver vuestro rostro.

—No pidáis lo que no podéis alcanzar porque, si insistís, será una aventura sin retorno.

Intrigado por sus palabras, el hidalgo le susurró que no habría mayor dicha que el poder contemplar su rostro y, acercándose aún más, estrechó su mano. Pero la mano era tan delgada que, en ese momento, el guante que llevaba se deslizó para dejar ver los huesos de un esqueleto. Seguidamente, ante la expectación de aquel hombre, la mujer retiró su velo y apareció ante él la imagen de una calavera, con cuencos vacíos en lugar de ojos y los huesos amarillentos y desvaídos. En la boca solo se veían sus dientes, y en lugar de nariz, un enorme orificio triangular. Y acercando su rostro a él, mientras aferraba su mano, le dijo:

—Puesto que así lo habéis querido, ahora vendréis conmigo para la eternidad.

Aterrado, con los ojos desorbitados, dio un paso atrás, logró liberar su mano y se hincó de rodillas en el mismo instante en que un intenso resplandor iluminó la calle de las Farolas. El hidalgo clavó la mirada en el suelo, unió sus manos y comenzó a rezar a la Virgen. Mientras, en el silencio de la noche, vagamente, comenzaron a oírse los gritos de los guardias que custodiaban el cuadro de la Virgen en la capilla de San Bartolomé. El cuadro había desaparecido sin saber ni el cómo ni el cuándo, y, suponiendo un hurto, salieron a buscarlo y a dar parte a la ronda para que ayudaran en las pesquisas. Recorrieron rápidamente los alrededores de la Catedral y, cuando llegaron a la calle de las Farolas, allí encontraron al pobre hidalgo arrodillado, rezando. No estaba solo, algunos vecinos se le habían unido atraídos por el extraño resplandor. A la luz de sus candiles, el cuadro de la Virgen estaba frente al hombre y su dulce mirada parecía redimirlo de todo sufrimiento. Dicen que, a la mañana siguiente, sin que sus familiares pudieran explicarse la transformación de su semblante, el hidalgo se encaminó al convento de la Arruzafa y pidió ingresar. Contada la historia, fue recibido y allí permaneció desde entonces en vida contemplativa, orando a la Santísima Virgen hasta el final de sus días. Y cuentan que fue tal su transformación, la durísima penitencia a la que se sometía, que incluso temían por él. Pero, cuando le rogaban que se moderase, respondía:

—Dejadme, que la vida es corta y no sé la cuenta que habré de dar a tan riguroso juez de mis muchos pecados.

Orando frente a la muerte (Apeles Mestres, 1884).

* * *

La historia nos recuerda a algunos pasajes de los *Milagros de Nuestra Señora.* También a leyendas trasladadas a la literatura, como *El estudiante de Salamanca* o *Don Juan Tenorio*; pero, como dice Julio Caro Baroja, las leyendas y los mitos se adaptan a las ciudades manteniendo la misma esencia, aquella que llevó a colocar frente al cuadro esa placa que cita Pío Baroja en *La feria de los discretos* y que nos recuerda lo siguiente:

> Si quieres que tu dolor
> se convierta en alegría,
> no pasarás, pecador,
> sin alabar a María.

Puede que sea superstición, tal vez fe inocente, pero, cada vez que paso frente a ella, no dejo de rezar un avemaría mientras contemplo la imagen de la Virgen, que deja vacío su sepulcro ante el asombro de los apóstoles, rodeada de esa monja, mi Córdoba mística, y esa mujer de peineta, mi Córdoba profana, y se eleva con los ojos mirando al cielo.

El Patio de los Naranjos

He llegado a la Catedral. He traspuesto la puerta y he entrado en el Patio de los Naranjos. Cuatro o seis mendigos toman el sol. El patio es ancho, empedrado de guijarros; se extienden los naranjos en filas; la alta y recia torre se yergue a un lado. Solo algunos viajeros cruzan a esta hora el patio y se dirigen hacia la Catedral. El mismo silencio de la ciudad se goza aquí en este recinto. Una fuente deja caer un hilo de agua. Cada media hora, una moza con un cántaro aparece y lo llena en la fuente; el agua hace un son ronco y precipitado al caer en el cántaro. La moza espera inmóvil junto a la fuente. Pían y saltan unos gorriones en los naranjos.[62]

Acompañemos a Azorín, entremos por esta misma puerta, la del Caño Gordo, al Patio de los Naranjos, todo un remanso de paz y frescura, lugar de encuentro, de paseo, también de trasiego y tertulia. Desde los tiempos antiguos ha sido el ágora de Córdoba y, si has llegado hasta aquí, no tardarás en sentirte cautivado. Antes de entrar en la Mezquita-Catedral, vamos a pasear por este hermoso patio, porque también encierra sus historias.

62 Azorín (2010). «Horas en Córdoba», en *España. Hombres y paisajes*. Madrid: Biblioteca Nueva.

Patio de los Naranjos (Francisco Javier Parcerisa, 1855).

Hay un trasiego constante de turistas amalgamados en grupos que siempre tienen prisa, pero en nuestra infancia era un jardín encantado, nuestro patio de juegos, ajenos a todas las sorpresas que guarda celosamente. Mis recuerdos se acompasan a esta descripción realizada por Paco Muñoz en sus *Notas cordobesas*:

> El Patio de los Naranjos era la guardería natural de la chiquillería del barrio —cuando había chiquillería en el barrio de la Mezquita, ahora no la hay—, las madres estaban tranquilas echando a sus hijos a jugar al Patio. El lugar de juegos se extendía también a la Mezquita e incluso a la torre, o cuando menos a su escalera.
>
> Juegos diversos como: las bolas (ahora se llaman canicas) [...]; al pincho en la tierra de los naranjos, con una lima vieja afilada por el mango; al trompo (menos por la orografía de empedrado, pero en una galería o encima del aljibe podías hacerlo [...]); carreras ciclistas con «sansones» (chapas de las cervezas) por los escalones una vez pintada la carretera con una tiza, el ganar el *tour* de Bahamontes había levantado la afición; espeleología, entrar por la pequeña abertura de debajo de la torre y ver el alminar original desde abajo; hasta había una pequeña «playa de arena» casi siempre, en uno de los arcos de la parte occidental del Patio hoy cubiertos con celosías de madera, el que está más cercano a donde se ubica la pila visigoda, el primero entrando al patio por Torrijos, ese arco era el almacén de material para las obras y siempre estaba lleno de arena, ello permitía jugar a la lucha sin hacerte daño al caer.[63]

Por esa abertura de debajo de la torre, a la izquierda de la Puerta del Perdón, también subíamos con Gabriel. Debías entrar agachado y llegabas hasta unas escaleras desgastadas. Subiendo, subiendo, tropezabas con una reja de hierro donde se unían a las escaleras que hoy dan acceso a la torre. Entonces imaginábamos que aquello había servido de cár-

63 Muñoz, Paco (9 de enero de 2010). «El Patio de los Naranjos y algo de la Mezquita», en *Notas cordobesas* (blog).

cel para mártires cristianos y nos veíamos en una película de romanos. Definitivamente fue tapiada, primero con una losa, y hoy con una celosía que evita incursiones temerarias, como las que nosotros hacíamos. Lo que ahora apenas ven los turistas apresurados, que solo viven una imagen y un reflejo de este increíble jardín, era para nosotros un escenario de juegos y libertad, de ensueños y fantasías inimaginables. Acudir a él era siempre una aventura porque no sabías a quién ibas a encontrarte, a qué ibas a jugar, con quién te ibas a pelear en una mañana cualquiera llena de sol y de aroma a naranjos.

Imaginemos ahora otra imagen, la de personas paseando y dialogando tranquilamente a la sombra de los pórticos y columnas. Chilabas y turbantes o casquetes, no hay voces. Al pie de alguna columna, un maestro sentado en el suelo imparte una lección a alumnos que siguen atentamente sus enseñanzas. En otra columna, un juez escucha los argumentos de dos vecinos para impartir justicia; en otra, un poeta venido de lejos recita sus versos. Más allá, un escriba garabatea alguna solicitud para la administración, con la precisión de un cirujano. Otros fieles se acercan a la fuente para realizar sus abluciones antes de entrar en la Mezquita… Es un punto de encuentro y de sosiego, de aprendizaje e intercambio:

> […] veinte puertas daban paso al amurallado recinto. Por cualquiera de ellas entraría al patio donde los fieles conversaban bajo los soportales o se aliviaban del calor y del agobio de los callejones de Córdoba a la sombra de los árboles y en cuya fuente de agua fría se lavan las manos y los pies para purificarse.
>
> A la sombra del patio, o junto a cualquier columna de las naves, el cadí administra justicia sentado en el suelo como un beduino y los maestros viajeros asombran a sus discípulos recitando en voz alta los libros que han aprendido de memoria. […] la Mezquita suele ser una encrucijada tan azarosa y abierta como una plaza pública […]. Tiene sólidos muros exteriores

porque es la fortaleza del islam, y su gran patio equivale a las plazas públicas de las ciudades mediterráneas.[64]

CAMINANDO SOBRE UN CEMENTERIO

Ya de adulto, el Patio de los Naranjos resultaba una isla que te permitía disfrutar del silencio, un lugar ideal para pasear o pasar el tiempo. Siendo estudiante de Filosofía, era frecuente acudir allí en los descansos para sentarnos y conversar tranquilamente de lo humano y lo divino. No en balde es considerado como el jardín más antiguo de Europa. ¿Lo sabías? La disposición en hileras de los naranjos nos ofrece la sombra tan buscada en nuestra ciudad durante todo el año, el color de su fruto anima los inviernos y el olor del azahar embriaga en primavera, y también nos preparan visualmente para el espectáculo de las hileras de columnas, palmeras alineadas, que nos aguarda en el interior del recinto. Lo que entonces no sabíamos, y que puede erizar el vello a los aprensivos, es pensar que caminamos, nos sentamos y hablamos sobre un gran cementerio.

Durante siglos, los enterramientos se realizaban en lugares sagrados situados en las proximidades de los templos. Así que esos jardines, siempre presentes junto a las iglesias, fueron lugares comunes donde enterrar a los fallecidos de cada barrio. El interior se reservaba a familias nobles o adineradas que pudieran pagarlo, previo permiso del Cabildo. La implantación de los cementerios extramuros vino con la invasión francesa a principios del siglo XIX por razones de salubridad. Estos enterramientos dentro de las propias ciudades eran fuente de infecciones y epidemias. Las lluvias filtraban la podredumbre a las canalizaciones de agua infectándolas en no pocas ocasiones, y también se producían

64 Muñoz Molina, Antonio (1991), *op. cit.*, págs. 134 y 145.

escenas escabrosas cuando las fuertes tormentas dejaban al descubierto los cadáveres o los arrastraban en el cauce de los arroyos por las calles, como sucedió alguna vez en el barrio de San Lorenzo, causando el terror en los vecinos.

En la collación Santa María, barrio de la Catedral, había dos grandes cementerios: el primero, en el Patio de los Naranjos de la Catedral; el segundo, en el espacio donde hoy se encuentra el Triunfo de San Rafael, allí se enterraban los ahogados y los fallecidos en el hospital de San Sebastián. Y así se hizo durante siglos, desde la conquista de Córdoba por Fernando III hasta, probablemente, finales del siglo XV, y doscientos años dan para muchos difuntos. Muy posiblemente, esta costumbre fuera abandonada cuando se remodeló el patio de acceso con motivo de la construcción de la Catedral en el interior de la Mezquita. Aunque esta práctica era conocida, el reciente descubrimiento de los cadáveres enterrados en el subsuelo del patio ha causado cierto revuelo.

Hace poco tiempo, durante unas excavaciones realizadas por el Cabildo, ha salido a la luz este gran cementerio del Patio de los Naranjos. Con motivo de un convenio entre la Universidad de Córdoba y el Cabildo Catedralicio, se vienen realizando catas arqueológicas en el monumento. Así, durante un sondeo efectuado en estos dos últimos años, dirigido por el profesor don Alberto León con los estudiantes de la Facultad de Filosofía y Letras, han aparecido estos cadáveres centenarios. Junto a fosas individuales, se han hallado fosas comunes donde se colmataban los huesos. Imaginamos que, al igual que sucede hoy, olvidados los difuntos, se trasladaban y agrupaban los restos para liberar espacio. El hallazgo permitirá realizar estudios que arrojen luz sobre las causas de las muertes o la edad de los fallecidos, así como conocer mejor nuestra historia, aunque en algunos casos parece no ser necesario, como sucede con ese pobre hombre atravesado por dos flechas de ballesta. Pero, para los supersticiosos, no deja de tener cierto halo sobrecogedor el saber que caminamos sobre «rastrojos de difuntos».

EL ALJIBE DE ALMANZOR

Pero las sorpresas no acaban aquí. Si siguiéramos bajando, a doce metros de profundidad, alineado al muro norte, se encuentra un inmenso aljibe construido en la época de Almanzor a finales del siglo x (978-1002). De niños jugábamos a arrojar las naranjas que recogíamos del patio por la ventana de la torre de esta fachada, a la derecha de la Puerta del Perdón, para oír su chapoteo al caer en el agua. Pero no era a este aljibe donde caían, sino a uno del Cabildo, según me informó don Fernando Cruz Conde en nuestros paseos, y gracias a él pude ubicar la entrada desde el Patio de los Naranjos, en el rebaje que existe enfrente de la Puerta del Caño Gordo, bastante alejado. Lo que sí puedo certificar es que allí había agua.

Hoy el aljibe resulta difícilmente accesible. Según la arqueóloga doña Guadalupe Carmona, solo hay tres losas en el Patio de los Naranjos desde las que se puede acceder en un descenso en vertical muy arriesgado, pero sería todo un lujo poderlo visitar; seguro que miles de turistas bajarían entusiasmados. Está muy bien documentado, incluso con fotografías y estudios de alzada. El agua era un elemento esencial en la cultura árabe y el Patio de los Naranjos era la zona de abluciones previas al acceso en el recinto sagrado. También se concibió como una alegoría al jardín del paraíso y la vegetación necesita del agua. El aljibe garantizaba el abastecimiento del recinto durante todo el año.

Tiene una capacidad de unos 1200 metros cúbicos y, aunque ya no recoge el agua de los acueductos de la techumbre, aún sigue conteniendo agua recogida desde el propio patio mil años más tarde. Es una construcción de planta cuadrada de catorce metros y medio de lado y casi cinco metros de profundidad, que «se distribuye en nueve compartimentos iguales por cuatro pilares cruciformes, sobre los que descansan arcos de medio punto que sostienen bóvedas de arista».[65] Consta de nueve espacios abovedados en buen estado. A principios del siglo XX se instalaron algunas bombas de achique para evitar que el agua permaneciera estancada.

Al parecer no fue el único aljibe del Patio de los Naranjos, hay otros tres más pequeños según crónicas árabes, pero no han podido ser localizados todavía en las catas realizadas. No es de extrañar, pues era una práctica frecuente desde la época de los romanos. La misma técnica se utilizó en el diseño de nuestra ciudad como en otras muchas de nueva planta. El abastecimiento de agua era el primer problema al que se enfrentaban los diseñadores tanto de ciudades como de fortalezas por ser indispensable para la vida, la salubridad y la defensa en caso de asedio. El gran aljibe romano está situado en Córdoba debajo de lo que fue el foro de la ciudad, en la plaza de las Tendillas, y no es practicable. El que constituía una práctica frecuente desde la Antigüedad es fácilmente comprobable: véase la plaza de los Aljibes en Granada, el palacio de la Aljafería en Zaragoza o el enorme aljibe encontrado recientemente en Carmona.

LAS SEMILLAS DEL PATIO DE LOS NARANJOS EN JAPÓN

La Mezquita-Catedral de Córdoba ha sido considerada como un símbolo de paz, de un periodo de convivencia entre culturas y religiones, pueblos y razas. Este es un concepto muy romántico, también muy discutible si revisamos la historia, pero no por ello menos extendido. La prueba la tenemos en una curiosa petición que fue atendida desde el Ayuntamiento de la ciudad en el pasado siglo.

---

65 Ruiz, Ana y Marfil, Pedro (2012). «Actuación arqueológica preventiva en el "Patio de los Naranjos" de la Mezquita-Catedral de Córdoba», en *Anuario Arqueológico de Andalucía*. Junta de Andalucía.

Todos tenemos en la retina la fabulosa seta nuclear producida por la primera bomba atómica en Hiroshima el 6 de agosto de 1945. La devastación fue tan enorme que produjo inmediatamente la rendición de Japón y aceleraría el final de la Segunda Guerra Mundial. Todo quedó destruido en un radio de un kilómetro y medio. Miles de personas murieron por la explosión o por los efectos posteriores de la radiación. Los edificios, como se puede constatar, quedaron arrasados. Fue un hecho tan impactante que, podríamos decir, hubo un antes y un después, e insertó en la conciencia colectiva la necesidad de recuperar la cordura para evitar la destrucción de la humanidad. A partir de ese momento, el anhelo de la paz fue universal, aunque todo apunta a que el hombre nunca aprende y está condenado a repetir los mismos errores.

Pero pocos saben que, entre tanta devastación y ruina, en Hiroshima, algunos edificios quedaron en pie, intactos, como si se tratara de un milagro. Entre ellos estaba la iglesia de Nuestra Señora de la Asunción, Virgen a cuya advocación curiosamente está dedicada la Catedral de Córdoba. En la casa sacerdotal de la iglesia, cuatro jesuitas que allí se encontraban salieron inexplicablemente ilesos. Diez años más tarde, se erigió en ese mismo lugar, en la llamada zona cero, el Parque Memorial de la Paz, el Genbaku Domu, en los alrededores de la prefectura. Fue en 1958 cuando el Ayuntamiento de Córdoba recibió una curiosa petición de monseñor Ojihar, que, por entonces, era el administrador apostólico de la ciudad de Hiroshima. La petición consistía en que fueran enviadas semillas de los naranjos del patio de la Mezquita-Catedral para ser plantadas en el Genbaku Domu.

El Ayuntamiento atendió la petición y las semillas fueron recogidas en julio de 1958. Para enviarlas, se confeccionó un precioso cofre en cuero repujado encargado a una firma de larga tradición en Córdoba, Meryan. Entendieron que los cordobanes y guadamecíes eran un sello inequívoco de la ciudad, y la solemnidad de la entrega bien merecía ese detalle. La caja se decoró con imágenes del Patio de los Naranjos y de los arcos de la Mezquita, y se remató con los escudos de la ciudad.

En la tapa se adjuntó un pergamino con la siguiente leyenda: «Semillas de los naranjos de la Mezquita de Córdoba, vais a Hiroshima con misión de paz [...], a nacer allí donde la muerte se prodigó. Al florecer, ofrendad a Dios vuestro perfume pidiendo la inteligencia de los hombres».

En su interior se depositaron cincuenta semillas que viajaron más de 10.000 kilómetros hasta la ciudad nipona donde hoy, ya convertidas en árboles frondosos, adornan el parque. En un gesto de hermanamiento y agradecimiento por esta petición, el Ayuntamiento decidió renombrar la plaza de los jardines de Agricultura, hoy plaza de Hiroshima y Nagasaki. Una circunstancia que, si fuera conocida por los visitantes japoneses a nuestra ciudad, cada día más frecuentes, se convertiría en lugar de peregrinación.

El Genbaku Domo, el Parque de la Paz, fue declarado Patrimonio de la Humanidad en 1996, como lo es la propia Mezquita-Catedral, y reconforta saber que parte de nuestra historia y nuestros símbolos están sirviendo de inspiración frente al recuerdo de la barbarie humana, precisamente allí donde miles de personas perdieron la vida. Lo que ahora necesitamos es que se conozca la historia y los hombres sean conscientes de la necesidad de paz en la tierra.

Por cierto, la artesanía del cuero repujado sigue siendo un sello inequívoco de nuestra ciudad. Si tenéis algo de tiempo, podéis visitar la empresa que fabricó el cofre en su día. Meryan sigue existiendo y podréis acceder a su exposición desde la calleja de las Flores, número 2, o desde la calle Encarnación. Os sorprenderá.

EL FANTASMA DEL POETA MUERTO EN VIDA

Los alrededores de la Mezquita-Catedral resultan sobrecogedores cuando cae la noche. El paraje se torna casi medieval y la tenue iluminación invita a transformar las sombras en fantasmas. Por estas calles, donde el bullicio era permanente por su mercado y el ir y venir de los fieles y curiosos, es fácil que la imaginación nos juegue una mala pasada cuando solo escuchamos en el silencio el eco de nuestros pasos. Hay quien dice haber visto al fantasma del poeta condenado a ser un muerto viviente, arrastrándose por el puente viejo, por los rincones apartados, junto a las fuentes. Hay sentencias y sentencias, y puede que haya alguna más cruel que la muerte por decapitación.

Era algo más de medianoche cuando la guardia se personó en su casa y le ordenó acompañarles. Se vistió apresuradamente, se puso su túnica de algodón, la mejor que tenía. El hecho no lo sorprendió y esperaba que lo acompañaran hasta Medina Azahara. Pero, en lugar de esto, justo al salir, le pusieron grilletes y maniatado lo obligaron a caminar hasta las cárceles del Alcázar del califa y lo encerraron en un pequeño habitáculo. Oyó el sonido metálico del cerrojo. Olía a podredumbre y humedad. Apenas había sitio para poder echarse, un jergón en el suelo y un bacín en el rincón. Desde un pequeño ventanuco podía ver, de puntillas, el antiguo Puente Romano y, más allá, los túmulos de las tumbas del cementerio de la antigua Sequnda, aquel barrio de artesanos muladíes que fuera arrasado hasta los cimientos por Alhaken I tras su levantamiento para transformarse en la ciudad de los muertos. Allí, vestidos de blanco, como correspondía al color del luto propio de los musulmanes, los amigos del difunto acudían a pasear alrededor de sus tumbas. Algunos músicos aprovechaban estas reuniones, y no faltaban los poetas recitando sus versos. Los jóvenes aprovechaban para ver el rostro sin velo de las mujeres que acudían y se permitían cierta libertad por el duelo. Más que un cementerio, parecía un lugar de reposo y paseo donde los amantes podían encontrarse, mirarse y hablarse sin miedo, para escándalo de los teólogos, quienes criticaban duramente el ambiente relajado.

Algo debió salir mal. Aquel día debía amanecer lleno de esperanza. Los eunucos, el visir, el propio califa y, sobre todo, su madre, Subh, lo habían preparado todo meticulosamente para derrocar a Almanzor. Debía ser un día de gloria y de festejos. El apoyo de las tropas africanas del virrey

Ziri Ben Atiya dividiría las fuerzas y debilitaría el ejército en la capital, lo que facilitaría el éxito del golpe de mano.

¿Cómo había llegado hasta allí? ¿Qué había sucedido? Él, el gran Ramadi[66], el poeta cuyos versos corrían de boca en boca por la ciudad, encarcelado. Todo empezó cuando Ahmed, un joven que asistía a sus recitales en el Patio de los Naranjos, se dirigió a él. Le encantaba su música, su poesía, era íntimo amigo del joven califa y le había hablado de su maestría, de su encanto. El interés despertado acabó en la invitación a una de las fiestas organizadas por Subh en Medina Azahara. Allí, el recital poético y la música eran obligados y él se sintió, como poeta, halagado por la invitación, ¿cómo no acudir? Era la oportunidad que había estado esperando para entrar en el círculo de la corte califal. Cuando llegó, la magnificencia del palacio lo sobrecogió, se sintió intimidado, pero la presencia de Subh, su prestancia, su cultura y belleza lo dejaron impresionado. Allí, acompañado de su laúd, recitó las más tiernas poesías de su repertorio; vagamente recordaba el vino de higo servido, las risas, las confidencias y el momento en que la reina madre le abrió su corazón contándolo entre los suyos. Era, en realidad, una prisionera en su propio palacio, abandonada, relegada al olvido. Desde que naciera el hijo primogénito de Almanzor, Abd al-Málik al-Muzáffar, había perdido toda su influencia y, con ella, la esperanza de que su propio hijo, Hixan II, ejerciera el poder como califa. Movido por su ambición desmedida, Almanzor los había aislado, había convertido al joven califa en un títere sin voluntad, que se limitaba a estampar su sello en los documentos que el chambelán le presentaba sin leerlos siquiera.

El vino hacía su efecto, y las lágrimas de Subh turbaron su corazón. Inmediatamente, para consolarla, comenzó a improvisar algunos versos satíricos ridiculizando al dictador y ensalzando las cualidades del califa. Al verla sonreír, para animarla y ganarse aún más su confianza, continuó hasta el amanecer entre aplausos y risas. Desde entonces, entró a formar parte de su círculo y se hizo asiduo a aque-

66 La historia del poeta es relatada por Muñoz Molina, Antonio (1991), *op. cit.*, pág. 230.

llas tertulias que cada vez eran menos literarias, hasta convertirse en un conciliábulo con un único propósito: derrocar a Almanzor y restituir a Hixan II el lugar y el poder que le correspondían como califa.

Y él, Ramadi, se dejó llevar. Lo que no podía imaginar entonces es que aquellos poemas satíricos fueran recordados y repetidos una y otra vez por los arrabales y los mercados. Y aquella ofensa no iba a pasar desapercibida. En este momento era plenamente consciente de la gravedad de su situación y del error cometido. Si ahora estaba en la cárcel solo podía significar una cosa: la conspiración había sido descubierta y se le tenía como a uno de los conjurados. Maldijo su vanidad y su estúpida arrogancia, pero ya era tarde, y no cabía sino esperar una muerte rápida.

Nada sabía de lo que estaba sucediendo fuera. En su incomunicación, la espera se hizo eterna, y cada vez veía más cercano el camposanto que se vislumbraba desde el ventanuco enrejado de su celda. Al cabo de una semana, oyó de nuevo el chirrido del cerrojo de la puerta. Se le ordenó salir y, maniatado, custodiado por cuatro guardias, lo subieron a un carromato y, lentamente, siguiendo el camino de Sevilla, lo condujeron hasta las blancas murallas de Medina Zahira, la residencia palaciega de Almanzor.

Lo bajaron a empellones hasta el patio de carruajes y, a punta de lanza, a través de dos patios lo condujeron a la Sala de Recepciones del palacio. Avanzaba a trompicones, las rodillas se le aflojaban, con dificultad lograba mantenerse erguido.

Al entrar en la sala pudo ver a Almanzor cómodamente recostado entre almohadones. El sol penetraba por la puerta abierta entre dos arcos, por las ventanas, por los vanos del techo. A su derecha e izquierda, sobre seis taburetes, reposaban otras tantas cabezas cortadas que dibujaban rictus grotescos. Algunas moscas revoloteaban posándose de vez en cuando en el charco de sangre que se extendía delante del caudillo. Los conocía a todos, eran habituales de las reuniones en la Medina, incluso a la mujer, la doncella de confianza de Subh que tantas veces le sirviera de mensajera. Unos ojos muy abiertos transmitían sorpresa y terror. Se sintió flaquear.

—Tú eres ese famoso poeta, el autor de esas letrillas que circulan por las tabernas y mercados. A ti te he dejado para el final.

No pudo decir nada. Un golpe seco en las piernas lo obligó a arrodillarse y quedó postrado ante Almanzor sin atreverse a mover un músculo. El Victorioso lo contemplaba entre frío y cómico, como divertido.

—Ya veo que tu arma más poderosa, la palabra, te ha abandonado. Y, como puedes ver, tampoco te quedan amigos a los que adular con tus miserias. Después de pensarlo mucho, a ti te he reservado un castigo acorde a tus talentos y, puesto que tu falta vino por tus palabras, tu condena será el absoluto silencio. Ya he ordenado publicar un bando que está siendo pregonado por todas las mezquitas de la ciudad. Desde hoy no existes. Nadie oirá lo que digas, nadie te verá, nadie te hablará, porque quien lo haga será ajusticiado inmediatamente. Y así será hasta el día de tu muerte.

No dijo nada más, se volvió y comenzó a tratar otros asuntos de Gobierno. Fue la primera señal de su invisibilidad, pero él aún no era consciente. Arrastrado fue conducido hasta las puertas del palacio. Allí quedó tendido sobre el polvo sin comprender aún qué había pasado, sin creer que aún estuviera vivo. Pero poco tardó en comprobar la enorme crueldad y el alcance de su condena; nadie lo miraba, nadie parecía notar su presencia. A diez pasos, dos guardias bien armados se convirtieron en su sombra y, poco a poco, comenzó a comprender la cruda realidad: se había convertido en un muerto viviente.

En los días sucesivos vagó por la ciudad sin lograr una casa donde alojarse, sin comida, sin recursos, sin esperanza. A su paso, las puertas y las ventanas permanecían cerradas, los transeúntes se giraban dándole la espalda o, directamente, cambiaban de dirección para evitar cruzarse con él. Dicen que la locura se fue apoderando del pobre poeta, que comenzó a arrancarse los cabellos y arañarse la cara solo para que el dolor le confirmara que seguía vivo.

Hizo del segundo arco del puente viejo su pobre refugio y, de noche, salía a rebuscar en los vertederos algo de comer. Cuando se cruzaba con alguien, se dirigía hacia él, medio arrastrándose, gritando, maldiciendo, pero nadie lo oía, nadie le hablaba, nadie lo tocaba, todos huían en su presencia. Pero una noche hubo alguien que, viéndolo, se apiadó de él y sacó una escudilla a la puerta para que pudiera comer algo. Ramadi se inclinó con lágrimas de agradecimiento en sus ojos y sorbió ávidamente el contenido. Una patada en el costado lo devolvió a la realidad. Los guardias derribaron la puerta y, sin mediar palabra, atravesaron de una lanzada el pecho del buen hombre, de aquel pobre diablo, que sintió lástima de él.

Y cuentan que, en ese instante, en aquel callejón, no pudo más y, en su locura, mientras abrazaba el cuerpo inerte de quien le socorriera, se mordió la lengua hasta cortarla. La sangre manó a borbotones por su boca y, así, arrodillado, se fue desangrando hasta morir. Los guardias se retiraron para dar parte de lo sucedido mientras el cadáver de Ramadi, el muerto en vida, quedó tirado en la calle

Moribundo (Apeles Mestres, 1884).

sin que nadie, por miedo, pareciera verlo. Se ordenó que no fuera enterrado y arrojaron sus restos al cementerio de Saqunda para festín de lobos y buitres. Alguien, sobre sus despojos, depositó un cálamo y un pergamino con un poema garabateado.

Hay quien lo ha visto balbuceando, emitiendo sonidos sin sentido, asaltando a los paseantes por los alrededores de la Mezquita-Catedral, caminando por el Puente Romano desde la Torre de la Calahorra o deambulando por los claustros del Patio de los Naranjos. Avanza medio arrastrándose, la túnica blanca manchada de sangre, la cabeza rala, implorando. Pero dicen que desaparece cuando alguien se acerca o intenta socorrerlo. Lo curioso es que quien lo ve pierde la voz y siente un enorme vacío en su interior, como si el alma lo hubiera abandonado por un instante.

* * *

Puede que la maldición de Almanzor siga viva. No lo sé, pero, si lo veis, haced como si no existiera, pasad de largo.

LA FUENTE DE SANTA MARÍA

Hemos entrado al Patio de los Naranjos por la Puerta del Caño Gordo, mira a tu derecha y verás una bonita fuente con cuatro caños. Es la fuente de Santa María. Seguramente te llame la atención la belleza de su simetría y sus formas. En su planta rectangular sobresalen cuatro pilares de piedra labrada en cada esquina. Y en el centro de cada una, un caño de bronce vierte el agua generando una melodía acompasada y continua que acompaña el surtidor central. Su presencia es mágica porque su murmullo nos atrae como un imán, en especial en esos días en los que el calor de Córdoba parece castigar sin piedad a los curiosos y turistas que se atreven a salir a la calle después del mediodía. Es el momento de pasear hasta ella y sumergir nuestras manos en el agua siempre fresca o disfrutar de la sombra escuchando el rumor de la fuente. No siempre estuvo ahí, su construcción es relativamente reciente; de hecho, se concluyó a mediados del siglo XVIII, obra del entonces maestro mayor de la Catedral don Tomás Jerónimo de Pedrajas. Su belleza y el canto del agua de sus caños han inspirado a artistas, poetas y también, cómo no, leyendas. Uno de los caños tiene plantado, justo al lado, un olivo centenario de tronco inclinado, retorcido y hueco que, siendo niño, gateaba hasta subirme a sus ramas.[67] Ya en 1921, Ricardo de Montis decía que

> [...] las mujeres de todos los barrios, aun de los más distantes, acuden continuamente a llenar los ventrudos y limpios cántaros en el cañito de la oliva porque, según una creencia muy generalizada, el agua de este es distinta y mucho mejor que la de los otros caños.

Pero no era solo por la calidad del agua de este caño centenario por lo que las muchachas acudían al rincón del olivo. También estaba la creencia popular de que la muchacha casadera que quisiera encontrar marido debía beber de este caño. Tan arraigada está la tradición que llegó a cantarse con esta letra:

> A la fuente del olivo,
> madre, llévame a beber,
> a ver si me sale novio,
> que yo me muero de sed.
>
> Luis de Biedma

Quizás sean los poderes mágicos de la fuente del olivo los que proporcionen la pareja ideal y el amor verdadero, nunca es tarde para probar. De lo que sí estoy seguro es de que el ir con el cántaro a la fuente era una buena excusa para dejarse ver por los mozos en épocas en las que salir de casa

---

67 El olivo se plantó en 1741, pronto cumplirá 300 años, y ha sido objeto de estudio para determinar su variedad y características por el IFAPA (Instituto Andaluz de Investigación y Formación Agraria de la Junta de Andalucía).

necesitaba una buena justificación, mucho más cuando eras mocita, cuando el agua corriente aún no había llegado a las viviendas. ¿Quién podía encontrar una pareja si no se dejaba ver? Y el Patio de los Naranjos, durante siglos, fue el punto de encuentro por excelencia en Córdoba para ir o regresar de los oficios, o al que se acudía simplemente por el placer de pasear. Para comprobar la fuerza de estas creencias populares, basta observar que la piedra que recibe el agua de este caño está mucho más desgastada que las otras tres.

De todas formas, sea o no cierta la leyenda y el poder de su agua, no pierdas la ocasión de acercarte paseando hasta

Fuente del Patio de los Naranjos en la Mezquita de Córdoba (L. A. Guislain Bacler d'Albe y G. Engelmann, siglo XIX).

el caño de la fuente del olivo y echar un trago largo, soñando siempre con que la felicidad es posible, para dejarte sorprender por una sonrisa y unos ojos que te miran, tal vez de reojo, al murmullo del agua.

LOS DUENDES DE LAS FUENTES: EL HALLAZGO DEL HOMÚNCULO

Si sois aficionados a las leyendas y ya habéis leído algunas sobre nuestra ciudad, habréis encontrado historias de duendes, como aquel que defendió a la dama del hermano ambicioso que quería matarla para heredar la casa; crimen que evitó el duende enamorado. Pero esto sucedió en otro barrio de Córdoba. Y no es el único, pues hay quien dice haber visto un duendecillo en la plaza de la calleja de las Flores, junto a la fuente del Caño Gordo o a la de Santa María, o en la fuente de la Puerta de Santa Catalina.

Para conocer el origen de esta leyenda cordobesa, debemos remontarnos a la época califal, allá por el siglo x, un momento en el que había una enorme afición a la alquimia y muchos se dedicaban a la búsqueda de la famosa piedra filosofal. Aquí, en este ambiente, cuenta la historia que se produjo un gran hallazgo que permaneció oculto y en secreto: la creación del primer «homúnculo», un hombre nacido gracias a la alquimia, a partir del material genético de su creador.

Existen muchas versiones sobre la génesis del homúnculo; de hecho, ha llegado a ser protagonista de una serie manga[68]. Pero todo parte, en nuestro caso, de relatos fantásticos que tienen nombre y apellidos y han saltado a la literatura.

68 Se trata del personaje base de la serie *Homunculus*, creada por Hideo Yamamoto publicada en 15 tomos entre 2003 y 2011 en la revista *Big Comic Spirits*. Según el autor, cada homúnculo es un reflejo de su creador, por lo que puede haber bondadosos o crueles. Toda una narrativa fantástica.

¿Os cuento la historia?[69]

Abderramán III estaba hundido tras la batalla de Simancas. La víspera de la confrontación habían intentado asesinarlo introduciendo una serpiente en su tienda, y, aunque su médico, Abu Ilyas, logró paliar los efectos del veneno y sobrevivió, el pánico se apoderó de él y, en ese estado de debilidad, no supo hacer frente al ejército de Ramiro II de León. Cuando emprendió la campaña contra el traidor Abu Yahya, gobernador de Zaragoza, el monarca cristiano aprovechó la ocasión para apoyarlo en su rebelión y hacer frente al califa más poderoso de Al Ándalus. Abderramán nunca olvidaría la huida en la que apenas logró salvar su vida, ni la humillación de la pérdida de territorios. Desde entonces vivía en una continua agonía, temiendo ser asesinado por los traidores.

Ya en su palacio de Córdoba, Abderramán III mandó llamar a un reputado sabio, jefe de la comunidad judía, Ya'Kub ibn Yaton, para preguntarle quién estaba más preparado para hallar el antídoto universal, algo que le procuraría la tranquilidad que necesitaba y que nadie había logrado obtener, a pesar de ser nombrado en los tratados antiguos. Yakub recomendó a su propio hijo, versado en lenguas, botánica y química, Da'ub ben Yakub.

Abedrramán III fue el gran iniciador de la biblioteca de Córdoba y, en el Alcázar, tenía un espacio reservado, donde se aislaba para leer y estudiar. Convocó al joven Da'ub a una audiencia privada y, tras conocerlo y comprobar sus conocimientos, quedó plenamente convencido: si alguien podía hallar ese antídoto, era este joven judío. Así que le autorizó

---

69 La historia y los personajes están tomados de Yael Guiladi, *Los cipreses de Córdoba* (Barcelona: Edhasa, 1997, pág. 17 y ss). Otras fuentes históricas reproducen el episodio con Nicolás como nombre del monje enviado y Hasdai ibn Shaprut como el sabio judío que lo ayudó en la empresa. Coinciden en el hecho y en el envío por parte del emperador del ejemplar en griego a Abderramán III. Véase Selin, Helaine (2008). *Encyclopaedia of the History of Science, Technology, and Medicine in Non-Western Cultures.* Nueva York: Springer. Pág. 1077.

el acceso franco a todos los libros de su biblioteca, con la condición de que trabajara en el mismo Alcázar y no sacara ninguno. Allí se encontraban los grandes tratados de medicina y botánica, como el de Hunayn ibn Ishaq, el de Ali ibn Rabban al-Tabri o el de Muhammad ibn Zakariya. Su labor consistió en contrastar la información con los clásicos griegos, como Hipócrates o Galeno, y recuperar la fórmula del antídoto universal. Aunque Da'ub dominaba el árabe, el griego, el latín y el arameo, no resultó una empresa fácil, ya que los nombres de las plantas variaban según la lengua; tampoco existían ilustraciones detalladas, y no siempre se encontraban las traducciones al árabe que permitieran reconocer los componentes necesarios para la elaboración. Pero, finalmente, lo consiguió, y la fórmula se mantuvo en secreto, como le exigió el califa. Logrado su propósito, su posición en la corte podía peligrar, y su más ardiente deseo era poder continuar con sus estudios, convencido de que las plantas podían ser la solución a muchas enfermedades. Había que seguir investigando, pero necesitaba el apoyo del califa para disponer de los medios necesarios. Con esta preocupación, ideó un plan: conocida la afición a los libros de Abderramán III, le recomendó que solicitara la ayuda de un erudito experto en lenguas a Bizancio, para traducir el mejor tratado de botánica y medicina, *De materia médica*[70], una obra del siglo I escrita por Dioscórides de Anazarbeo, donde se describían, con sus propiedades y efectos curativos, más de sesenta plantas.

Abderramán III acogió bien la sugerencia y se puso en contacto con el emperador de Bizancio, Constantino Porfirogéneta, con quien mantenía relaciones comerciales e intereses políticos, además de su enorme afición por los libros. La respuesta no se hizo esperar y le envió como regalo un ejemplar en griego de la obra, junto con un monje erudito,

---

70 *De materia médica* puede ser hoy consultado en Internet, en la Biblioteca Virtual Miguel de Cervantes. Se considera la obra que da inicio a la farmacología y estuvo vigente durante más de mil quinientos años.

llamado Apolodoro[71], experto en árabe, latín y griego, para que facilitara la traducción.

Apolodoro fue recibido en la corte cordobesa con todos los honores. Se instaló en una casa de las proximidades del barrio judío, junto a la Mezquita y el Alcázar, y pronto entabló amistad con Da'ub. El trabajo con los libros hizo inseparables a ambos. En el transcurso de las investigaciones, Apolodoro habilitó una sala pequeña al fondo del patio de la casa, donde podía aislarse para experimentar con las propiedades descritas en el libro traducido, ampliado con los ejemplares de la biblioteca de Córdoba que no se encontraban en Alejandría.

Del descubrimiento del gran antídoto por parte de su amigo, pasó a la posibilidad de transmutación de las sustancias, la alquimia, y llegó a la conclusión, siguiendo la Biblia, de que la materia primigenia de la vida era la arcilla insuflada con materia genética del creador. Si la piedra filosofal era posible, también lo era la creación de vida. Así pues, cuando acabaron la traducción de *De materia médica*, animado por Da'ub, Apolodoro pidió licencia para permanecer en Córdoba y continuar con sus estudios. El califa se lo concedió, encantado de mantener junto a sí a uno de los mayores eruditos de su tiempo. Confiaba en la colaboración de los dos jóvenes con la esperanza de grandes descubrimientos.

A partir de entonces, se centró en la investigación del proceso de creación de vida en su laboratorio. Debían utilizarse los elementos primigenios: la arcilla era la base de la materia, y a ella habría que añadir algunos elementos, como un poco de carbón, raíz de mandrágora, material humano, algo de piel, pelo, uñas... y unas gotas de sangre. Después, debía mantenerse en un lugar umbrío y algo húmedo donde no llegara la exposición directa del sol. La habitación del patio resultaba ideal. Para realizar la prueba, utilizó seis amplias vasijas de cristal y en cada una insertó diferentes elementos orgánicos de su propio cuerpo: uñas, cabello, piel... Cada

71 El nombre de Apolodoro, sabio enviado a la corte de Abderramán III, ligado a sus investigaciones y el descubrimiento del homúnculo, es citado por Antonio Muñoz Molina (1991), *op. cit.*, págs. 198-199. En su caso, el procedimiento de la creación es descrito con otras sustancias.

día las visitaba y vertía en ellas un algodón impregnado de sangre, para después anotar meticulosamente la evolución del compuesto en las diferentes redomas.

La espera fue lenta. Al tercer mes, cinco de los materiales se habían deteriorado visiblemente. Pero hubo uno que se mantuvo fresco y, poco a poco, fue adquiriendo una forma ovalada. Correspondía a una de las vasijas en las que había introducido un trozo de piel. Animado por el desarrollo, continuó durante dos meses más. Cada día anotaba la evolución y añadía a la redoma dos gotas de su propia sangre, hasta que lentamente la forma fue haciéndose más y más humanoide. Se conmovió el día en que observó que aquella materia comenzaba a moverse. No se atrevió a decir nada, ni siquiera a su buen amigo Ya'ub, y paulatinamente se fueron haciendo visibles las extremidades, incluso los dedos de las manos parecían moverse con voluntad propia. Ya no le cabía duda, aquello era un ser humano. La cabeza, la nariz, los ojos aún cerrados... Se movía y reaccionaba a la luz cuando le acercaba la vela para observar la evolución.

Cierto día, cuando realizaba su visita de inspección, encontró al ser de pie, con las manos apoyadas en el cristal y los ojos muy abiertos. El movimiento de su pecho le decía que estaba respirando. Asustado, dio media vuelta y aquel ser comenzó a convulsionar tan fuerte que a punto estuvo de derribar la vasija en la que se encontraba. Después de aquello, entre aterrado y entusiasmado, se dirigió a casa de Ya'ub. Lo había conseguido y se sentía dichoso por ello; sin embargo, no comprendía el alcance de su hallazgo ni sabía cuáles serían las consecuencias, cómo podía evolucionar aquel ser nacido en una vasija de cristal que, de alguna forma, era parte de sí mismo.

Estaba tan alterado que apenas podía hablar, respiraba de forma entrecortada, le faltaba el aliento. Ya'ub hubo de tranquilizarlo para poder entender lo que su amigo quería decirle. Poco después, no podía creer lo que estaba oyendo y quiso verlo con sus propios ojos. Por el camino, Apolodoro le fue contando, paso a paso, los procedimientos que había experimentado, los componentes utilizados, los fracasos y la evolución. Más que caminar, corrían por las estrechas calles.

Llegaron a la casa, atravesaron el patio y, abriendo de par en par la puerta, penetraron en la pequeña habitación. La luz del mediodía fue suficiente para contemplar el espectáculo. Aquel ser, que apenas medía veinticinco centímetros, los observaba a través del cristal y gesticulaba violentamente. Ya'ub lanzó un grito, tropezó con la mesa, la vasija cayó al suelo y el cristal saltó por los aires. Al venirse abajo, arrastró a Apolodoro, que cayó de espaldas y se golpeó la nuca, quedando semiinconsciente. Mientras Ya'ub trataba de reanimar a su amigo, aquel ser diminuto, aquella miniatura de ser humano, se movió hacia la claridad del patio, atravesó la puerta y se escabulló entre las plantas.

Cuentan que, con esfuerzo, logró subir hasta el brocal del pozo y saltar al agua. Nunca volvió a verse, al menos durante el día, porque Apolodoro aseguraba que, por las noches, se acercaba sigiloso a él y lo contemplaba minuciosamente. Pero, cuando abría los ojos para tratar de hablarle, desaparecía como si hubiera sido un sueño. El sabio no repitió jamás su experimento y rogó a su amigo que mantuviera el secreto de su descubrimiento para evitar cualquier mal que pudiera derivarse de la vanidad del hombre en su intento por imitar a Dios.

* * *

Dicen que el homúnculo sigue viviendo en las alcantarillas, en los pozos, en los veneros y las fuentes, y que al oscurecer acecha desde el agua. Quien lo ha visto lo suele confundir con un duende, y puede que ese sea el origen de tantas leyendas asociadas a los patios y las plazuelas de Córdoba, donde las fuentes y las albercas amenizan el silencio de la noche.

Si os lo encontráis, no os asustéis, pues, que sepamos, nunca ha hecho mal a nadie, y lo más probable es que desaparezca como un sueño, dejándonos con la duda de si lo hemos visto realmente o ha sido producto de nuestra imaginación.

LEYENDA DEL ÁNGEL

Una obra tan grandiosa como la Mezquita-Catedral de Córdoba, en la que estás a punto de entrar, no puede menos que atribuirse a una inspiración o un mandato, si se prefiere, de origen sobrenatural. Empecemos por lo que es historia: siguiendo la costumbre árabe, al conquistar la ciudad, el emir Abderramán I, el Dajil, se reservó la mitad del templo visigodo de San Vicente para destinarlo a una mezquita donde los musulmanes pudieran realizar sus oraciones. Y sigamos ahora con la leyenda:

Alá no estaba satisfecho con esta solución, después de toda la ayuda y el favor que había prestado al emir, a Abderraman I, llamado el Inmigrante, salvándolo del asesinato de su familia, de la persecución y de las vicisitudes en su peregrinación hasta Córdoba, paraíso en la tierra[72], donde podía y debía mostrar su grandiosidad, no como hombre, sino como siervo de Alá.

Se cuenta que, estando el emir descansando en el palacio de la Arruzafa, tuvo un sueño inquietante. En él vio pasar ante sí su vida, las guerras y las sangrientas batallas. Un mar de sangre lo rodeaba, lo que le causó una enorme inquietud, entreviendo su condena al infierno arrastrado por una multitud de almas en pena que lo asían por los pies arrastrándolo irremediablemente. Mientras, una risa escalofriante se mofaba de su impotencia. Pero después el sueño se tornó plácido. Se le apareció un ángel alto y resplandeciente que, con una voz dulce, le recriminó la tibieza de su fe, el ser un siervo desagradecido:

—Alá te libró de la muerte, salvó en ti tu dinastía omeya, te protegió en el desierto y veló por tu peregrinación hasta traerte a esta tierra de provisión, donde recuperaste todo el poder perdido. ¿Qué le has dado tú a cambio? Construye una mezquita para mayor gloria de Alá, una obra que per-

72 Pocos saben que el origen de la expresión «Córdoba, la llana» es justamente este. Procede del árabe, en el que *alyana* (الجنة) significa «el paraíso».

dure más allá de los siglos cantando su grandeza. Este es su deseo y esta es tu obligación.

Abderramán, el Dajil, el Inmigrado, se despertó sobresaltado, sudoroso, con la respiración agitada, pero con la convicción de haber recibido un mensaje a través de la revelación del ángel: se le había encomendado realizar una obra magna que asombrara a los siglos venideros y fuera digna de la grandeza del único Dios. Y se vio a sí mismo en un oasis del desierto donde las palmeras ofrecían su sombra y entreveraban los rayos del sol apaciblemente mientras escuchaba el murmullo del agua de una fuente. Y vio un bosque de columnas enracimadas que ofrecían un ambiente sombrío dejando entrar vagamente la luz del mediodía, una luz que invitaba a elevar los ojos de los fieles al cielo llevando su oración a Alá.

Inspirado por esta visión, se inclinó sobre el suelo y dibujó una sucesión de arcos que se repetían a sí mismos como reflejados en un espejo. Al día siguiente, convocó inmediatamente a los mozárabes y les ofreció el comprarles la mitad de los terrenos donde se ubicaba la basílica de San Vicente. No solo les pagó generosamente, sino que, además, les permitió reconstruir iglesias derruidas y levantar otras en la Axerquía, extramuros de la ciudad. El nuevo terreno, por su amplitud, podría dar cabida al sueño del ángel y a la afluencia de los fieles musulmanes, cada vez más populosa, ante el enorme crecimiento de la ciudad debido a la prosperidad de su reinado. Se dice que la obra dio comienzo en el año 169 de la Hégira, el 785 de nuestra era, y que la construcción duró solo un año, toda una proeza muy difícil de creer. Para realizarla, reutilizaron materiales de construcciones romanas y visigodas preexistentes en la ciudad como cantera, práctica habitual a lo largo de los siglos; por eso, si observáis, en esta primera fase de la Mezquita, la que encontráis nada más entrar por la puerta de acceso actual, todas las columnas son diferentes, en el fuste, el basamento y los capiteles, algo que suele pasar desapercibido ante el laberinto que nos sorprende cuando penetramos en ella.

* * *

Es fácil mezclar la historia con la leyenda, pero de alguna forma queremos imaginar cómo pudo concebirse una obra como la Mezquita, que, a pesar de los siglos, sigue asombrando al mundo con su grandeza.

Quizás por eso haya otra leyenda aún más peregrina, pero asombrosa por la fuente que la narra. Se trata de un reputado historiador musulmán, también alquimista, que vivió la construcción del monumento: Yabir ibn Hayyan (721-815), también conocido como Geber. Para muchos es el padre de la química. ¿Sorprendente? Más lo es el hecho de que la sacralización del terreno donde se alza la Mezquita-Catedral la atribuya nuestro autor musulmán a los judíos y, en concreto, al rey Salomón. Según este historiador, Salomón, hijo de David, estuvo en Andalucía y pasó por Córdoba. El solar donde hoy se halla la Mezquita era un vertedero y también un lugar de enterramiento —siguió siéndolo en los siglos venideros, según demuestran los recientes descubrimientos, como ya hemos visto—. Estando frente al terraplén, dijo:

> Rellenad y nivelar este lugar, pues aquí se alzará un templo en el que se rendirá culto a Dios Altísimo [...]. Acabado esto [el templo] puso a algunos rabinos israelitas para que lo poblaran y establecieran allí las Leyes de la Torá [...] hasta que Dios envió a Jesús y se difundió el cristianismo, con lo que el templo se convirtió en iglesia [...].[73]

Es algo increíble que Salomón pasara por Córdoba, pero aún más inverosímil resulta el relato del historiador musulmán tan prestigioso, también el hecho de que la sacralización del templo pasara de los judíos a los cristianos, obviando el islamismo. Pero lo cierto es que estamos ante un monumento religioso, quizás el más antiguo del mundo, que ha mantenido el culto de distintas religiones ininterrumpidamente durante más de dos mil años.

---

73 Anónimo (2015). «Córdoba, entre la Historia y la leyenda», en *Arte en Córdoba* (blog cultural).

LA PUERTA DE LAS PALMAS

Avanzamos hacia la Puerta de las Palmas. Hoy no es la entrada principal por la que los visitantes acceden a la Mezquita-Catedral, pero es, sin duda, la más imponente tanto por su tamaño como por su factura.

¿Os imagináis a Averroes y a Maimónides paseando por este patio?

> Deambulábamos con pasos mesurados alrededor de la fuente. Los naranjos estaban llenos de frutos ya maduros. Por la Puerta de las Palmas, el debilitamiento progresivo de la luz impregnaba el bosque de columnitas, mientras el encaje de las arquerías que se dispersaban en perspectivas infinitas ofrecía a la vista uno de los más hermosos ensamblajes del mundo. El viento de la noche había despejado el cielo. Las golondrinas brincaban como pelotas. ¡Qué agradable resultaba vivir aquel atardecer cordobés en un momento de serenidad, cuando dos amigos detenían el tiempo![74]

No he podido resistirme a esta rememoración poética que realiza Herber Le Porrier. Pero ¿de dónde toma el nombre de las Palmas o de las Bendiciones? Desde la época islámica, esta era la puerta ante la que los ejércitos desfilaban antes de partir hacia las batallas. Inclinaban los pendones en señal de respeto y recibían la bendición del imán invocando la protección de Alá. Lo curioso es que la misma costumbre se mantuvo en época cristiana. Originariamente se denominó la Puerta de las Bendiciones porque era en ella donde se bendecía el pendón real en las coronaciones de los sucesivos monarcas; lo de «las Palmas» vino más tarde. Las hojas de palmera constituían un símbolo de gloria y de victoria, rememorando la entrada triunfal de Jesús en Jerusalén; pero también se les entregaban las palmas a los caballeros cristianos cuando marchaban a la batalla como símbolo del posible

74 Herber Le Porrier (1977). *El médico de Córdoba*. Barcelona: Grijalbo. Pág. 93.

martirio por su muerte en defensa del cristianismo: muerte, gloria y martirio, ya fuera por la victoria o la derrota.[75]

El acto en sí era muy protocolario. Manuel Nieto Cumplido nos lo describe así: «El teniente alférez mayor, tras inclinarse en tres ocasiones ante la Santa Cruz, entregaba el estandarte real al alférez mayor, entonándose un *Te Deum*»[76]. Debía ser

Puerta de las Palmas (Francisco Javier Parcerisa, 1855).

75 Primo Jurado, Juan José (2011). *op. cit.*, pág. 19.

76 Nieto Cumplido, Manuel (2007). *La Catedral de Córdoba*. Publicaciones de la Obra social y cultural de Cajasur. Córdoba.

todo un espectáculo aclamado por el pueblo cuando desfilaban las tropas cristianas y sus banderas eran bendecidas por el obispo antes de las batallas, camino de la conquista de Granada o para sofocar las revueltas de los moriscos de las Alpujarras en los siglos XV y XVI, encomendando a Dios su protección y la victoria.

Fue Abderramán III quien la mandó construir y es la única puerta original que ha sobrevivido de la época árabe. El diseño actual fue obra de Hernán Ruiz I, allá por 1533, y tiene su sello inconfundible. Añadió la parte superior donde aparecen el relieve de la Anunciación, la Virgen y el ángel en sus respectivas hornacinas, pero, con su estilo plateresco, añadió esos curiosos seres fantásticos en los ángulos inferiores, la inspiración mitológica del Renacimiento no podía faltar. ¿Los ves?

La Semana Santa es muy celebrada en Córdoba, una de las más importantes de Andalucía, famosa por su recogimiento y los enclaves mágicos que recorre inundados de olor a azahar, incienso y romero. El Domingo de Ramos da comienzo con un solemne acto litúrgico presidido por el obispo en el Altar Mayor de la Catedral donde acuden todos los representantes de las distintas cofradías. El evento se inicia con una procesión a través del Patio de los Naranjos y se procede a bendecir las palmas y las ramas de olivo que simbolizan la entrada triunfal de Jesús, las mismas que adornarán luego balcones y rincones en las casas o serán quemadas para usar sus cenizas en el inicio de la Cuaresma siguiente, en el Miércoles de Ceniza. A esta misa de la bendición de las palmas se accede y se sale desde esta puerta habitualmente cerrada. Todo un espectáculo congelado en el tiempo. La costumbre arranca en siglo IV, y es la expresión más pura del fervor popular.

Entrando en la Mezquita-Catedral

EL TEMPLO ENTERRADO

A la derecha de la Puerta de las Palmas, encontrarás la Puerta de los Deanes, la que da acceso al monumento desde la calle Torrijos, y desde allí se accede normalmente al interior de la Mezquita-Catedral. La sensación de laberinto nos inunda inmediatamente en ese bosque de mármol y arcadas que se reproducen como en un juego de espejos inabarcable. Todo un mundo de fantasía. La inspiración del diseño parece proceder de la descripción coránica según la cual la casa del profeta era una gran sala rectangular cuyos pilares eran troncos de palmera con un techo de palmas y barro. Se accedía por un patio rectangular en el que unas fuentes facilitaban las abluciones para la purificación del cuerpo antes de entrar en suelo sagrado. ¿Os suena?

Jorge Luis Borges, cuando visitó nuestra ciudad, no fue ajeno a esta sensación de laberinto, tan mágico como su narrativa. Y siendo como era, no dejó de intentar capturar la esencia que producía esta sensación. Para él, la clave está en que aquí no hay un centro propiamente dicho, cada columna se erige en epicentro para quien se detiene en su paseo o se arrodilla a rezar; cada columna, cada orante, es el centro mismo cuando nos detenemos para evitar el vértigo que nos produce este laberinto que transforma sus perspectivas como si fuera un gigantesco caleidoscopio que gira y muta la realidad con nuestro movimiento. El centro de la Mezquita de Córdoba es cada arco, cada losa, cada columna y cada hombre que deambula por ella y que se detiene a veces y se sienta o se arrodilla en el suelo para evitar el vértigo de contemplar un espacio que fluye continuamente con nosotros mismos.[77]

Es tal la impresión que nos produce entrar por primera vez en la Mezquita-Catedral, caminar entre sus columnas, que difícilmente podremos borrar la imagen de nuestra cabeza. Quizás sea cierto, como apuntó Borges, que entre todas estas columnas haya en alguna veta incrustado un *zahir* mágico:

> [...] uno de esos objetos o matices de la realidad que tienen la virtud maléfica de no ser olvidados y de apoderarse poco a poco y sin remedio de la memoria entera de quien los ha mirado una sola vez [...]. Pensé que tal vez Córdoba es en sí misma un *zahir*, y también un *aleph*, porque hay lugares en ella que parecen contener, escondida e intacta, la integridad del universo.[78]

Se trata de una sensación recurrente entre los miles y miles de visitantes que cada año penetran en el monumento. Una vez superada, recuperado el equilibrio, avancemos siguiendo las capillas del muro. Y cuando comenzamos a avanzar, lo primero que encontramos es un recinto acotado con el suelo de metacrilato que deja ver unas ruinas con frescos que evocan a Roma. Si somos curiosos, podremos observar otros vestigios en la Sala del Tesoro: mosaicos, sarcófagos paleocristianos y una pila bautismal. Son algunos de los restos de la antigua basílica de San Vicente.

Hay historias que se mantienen en la conciencia popular a pesar del paso de los años. Uno de mis mejores amigos de

---

77 Muñoz Molina, Antonio (1991), *op. cit.*, pág. 152.

78 *Ibidem*, pág. 21.

la infancia era Gabriel, el hijo de Elena, la torrera, una mujer alegre como unas castañuelas, siempre risueña, a la que recuerdo sentada en la mesa camilla del primer cuerpo de la torre para cobrar la subida a los visitantes. Estaba casada con Juan, el campanero, un hombre enjuto y nervudo, alto y fuerte. Daba miedo verlo colgarse de la melena de las campanas para hacerlas girar en los repiques. En este ambiente, Juan nos contaba que, debajo de la Mezquita, tal y como la veíamos, había otro templo igual de grandioso.

De niño lo imaginaba como una réplica del que estábamos viendo, como si en el subterráneo las columnas aparecieran de nuevo reflejadas en un espejo. Había alguna trampilla en el suelo, en la parte derecha del coro, de madera, que alentaba esta fantasía. Y pensaba que allí estaba el acceso y que, si bajábamos, nos encontraríamos con un templo maravilloso iluminado por miles de lámparas de aceite con sus llamas oscilantes. Pero entonces veía las lápidas en el suelo e imaginaba los fantasmas de los que allí habían sido sepultados, ataúdes carcomidos y entreabiertos y manos huesudas queriendo salir de su prisión para atraparte. En nuestras aventuras y correrías, nunca nos atrevimos a bajar, las sepulturas en el suelo dan mucho miedo y uno no sabía qué o a quién podía encontrarse allí abajo si contravenía el sueño de los difuntos.

Pero resulta que era cierto y que, debajo de la Mezquita que hoy vemos, había otro templo o templos. Las recientes excavaciones nos muestran que en el solar actual existió un complejo con una basílica episcopal, probablemente un baptisterio y una residencia o palacio para el obispo con sus dependencias. La extensión originaria iría desde la muralla norte del recinto hasta la Puerta del Puente. Ser sede episcopal era un gran privilegio y llevaba aparejado el boato propio del cargo, tanto más cuando en aquella época ocuparon el sillón episcopal personas tan relevantes en la historia del cristianismo como Osio (256-357 d. C.), consejero del emperador Constantino. Hoy se tiene prácticamente la certeza de que la denominada basílica de San Vicente estaba ubicada debajo de la actual Mezquita, y parte de ella, de sus muros y sus frescos pueden verse en la primera fase expuestos al público e iluminados.

Es posible, como hay quien lo afirma, que a su vez la basílica de San Vicente se construyera sobre un templo anterior, de la época romana, dedicado a Jano[79], una de las deidades más antiguas del imperio, de donde toma el nombre el mes de enero, que se consideraba muy importante porque daba testimonio y era custodio de los cambios, muy apropiado para marcar el nacimiento de una nueva ciudad. Pero estos vestigios, de existir, aún no han sido encontrados.

Cuando Abderramán I inició las obras, debió sobreelevar el pavimento aprovechando los cimientos de la basílica anterior y reutilizando sus materiales. De esta forma, quedó oculta por los siglos de los siglos. Solo así comprenderíamos la celeridad con la que, según se dice, se construyó esta primera Mezquita. Y quizás esas prisas por verla acabada antes de su muerte también fueran la causa de que la cimentación no estuviera muy cuidada, lo que produjo un desplazamiento durante un terremoto que puso en riesgo su pervivencia. El peligro se eliminó edificando un sobremuro que podréis apreciar tanto en la Puerta de los Deanes como en la Puerta de las Palmas, ese recrecimiento donde se hallan las pilas de agua bendita.

La existencia de la antigua basílica fue poco a poco cubierta con el tiempo y las obras sucesivas del recinto, aunque su recuerdo perdurara en textos aislados con anécdotas cuando menos curiosas, como la que recoge el cronista Al Himyari, según la cual la reina Constanza, la segunda esposa de Alfonso VI (1041-1109), expresó su deseo de dar a luz en la parte occidental de la Mezquita, en la que antaño se elevara la basílica de San Vicente, justo donde se encuentran los restos visibles. No se tiene ninguna otra constancia de este hecho. A pesar de este y otros testimonios islámicos tardíos, la existencia del antiguo templo cristiano cayó en el olvido, salvo como una leyenda transmitida de generación

79 González Llana, Manuel (1867), *op. cit.*, pág. 80.

en generación, de boca en boca, durante siglos, hasta que las excavaciones, poco a poco, han ido arrojando luz a la historia. Y la imaginación es muy creativa. Hay quien escuchó la leyenda del templo enterrado de forma mucho más fantástica si cabe de lo que dibujaba mi imaginación infantil.

> En mi juventud llegué a escuchar que debajo del edificio que vemos existe un grandioso palacio de esmeralda y cristal, con suelo de mármol y jade, y cuyas persianas son de hiedra y filtran la luz como abanicos de seda [...].[80]

Quizás esta pervivencia en la conciencia popular es lo realmente extraordinario cuando las leyendas nacen de la historia olvidada para dejar testimonio del pasado.

LA CAPILLA DE LA SANGRE

Sigamos este muro occidental alineado a la Puerta de los Deanes, paralelo a la calle Torrijos. Dejamos a nuestra espalda los restos de la basílica de San Vicente; justo detrás de ella, encontramos una de las últimas capillas, la de San Acacio y Compañeros y Once Mil Vírgenes, que no son pocas. Cuando ya vas saliendo de la mezquita-catedral, hacia la puerta de Santa Catalina, dejando a tu espalda la capilla del Sagrario, mira a tu derecha y verás una con una pila bautismal, ahí es donde sucedieron los hechos. Esta es también conocida como la capilla de la Sangre. San Acacio se representa con coraza, se trataba de un soldado romano convertido al cristianismo por la mediación de un ángel que les procuró la victoria ante un enemigo muy superior. La tropa se convirtió en masa en un momento en que se consideraba la nueva religión como una doctrina peligrosa para el imperio. Fueron conminados a arrepentirse por el gobernador, se nega-

80 Morales Gajete, José Manuel (2015). *Enigmas y misterios de Córdoba.* Córdoba: Almuzara. Pág. 187.

ron a pesar de las torturas, por lo que fueron condenados a muerte. La iluminación axial otorga a esta capilla un especial relieve, pero ¿de dónde viene lo de «capilla de Sangre»?

El origen de la denominación muy probablemente se derive de la imagen de Cristo coronado de espinas en la parte inferior del retablo, un *Ecce homo* realmente impresionante, y que en su momento, con los colores brillantes, debió serlo mucho más. La historia y la leyenda muchas veces se dan la mano, y este es uno de esos casos curiosos en los que un hecho histórico generó una leyenda repetida en la que mucho tiene que ver el problema de la limpieza de sangre y las persecuciones de la Santa Inquisición en nuestra ciudad.

La limpieza de sangre y el perseguir la herejía era algo muy serio allá por el siglo XV. El caso es que un tesorero de la Catedral, don Pedro Fernández de Alcaudete, se enamoró de una mujer que resultó ser una falsa conversa según los testimonios y su propia confesión, pues profesaba en secreto la

Interior de la Mezquita (autor desconocido, 1850).

religión judía, y, al parecer, convenció a su amante para profanar una hostia consagrada. Se celebraba una santa misa, previa a la procesión de Semana Santa. Al recibir el sacramento, el tesorero ocultó la hostia consagrada en su zapato para poder así sacarla en secreto del recinto y entregársela a su amada para que ella pudiera realizar sus ritos heréticos. De esta forma, salió en procesión el Jueves Santo de 1483, pero pronto los penitentes observaron que de su zapato manaba sangre. Así se lo hicieron ver, creyendo que podría sufrir alguna herida, pero el tesorero, totalmente confundido, no lograba articular palabra ni aceptaba el descalzarse para comprobar qué causaba aquel daño. Como el rastro llevaba a la capilla de San Acacio, allí lo obligaron a descalzarse y hallaron la hostia consagrada. Inmediatamente fue apresado, interrogado y sometido a juicio, donde por fin declaró su delito, por el que fue condenado. A partir de entonces, esta capilla fue conocida como la de la Sangre.

Las crónicas cuentan otra historia que coincide con que su amante era una judía confesa que fue condenada a la hoguera en el primer auto de fe celebrado en Córdoba en 1483. Después fueron a por él y, al ir a apresarlo, se defendió cuanto pudo, causando la muerte a uno de los alguaciles. Finalmente fue reducido, encadenado y encerrado en la cárcel de la Inquisición en el Alcázar de los Reyes Cristianos. Una vez juzgado, también fue sentenciado a morir en la hoguera y fue ejecutado en la Puerta de Baeza, quemado vivo.

Si os preguntáis cómo transcurrió aquel proceso, tenemos el testimonio en el que se fundamenta esta segunda historia, muy próxima a la época en que ocurrieron los hechos y que puede resultar ilustrativa de cómo eran los juicios inquisitoriales. Os lo transcribo como curiosidad histórica:

> En el año de 1483 se celebró en Córdoba un auto de fe, el primero por el Santo Oficio en el convento de los Mártires de la Orden de San Benito con asistencia del Cabildo Eclesiástico, cruces de las parroquias y clerecía, en el que fue condenada [...] por hereje una mujer manceba del señor tesorero de la Santa Iglesia Catedral, tomando cada cual para su casa y, al salir

para la suya, el mencionado tesorero fue preso por el Alguacil Mayor de la Inquisición. Viendo los criados que al amo lo habían asegurado, echaron mano a las espadas, y uno de ellos mató al Alguacil Mayor: los ministros del Santo Oficio que le acompañaban arremetieron con el tesorero, y asegurándolo, lo condujeron a empellones y cintarazos a las cárceles del tribunal, donde se mantuvo hasta el sábado 28 de febrero de 1484 que fue sacado en auto público y hecha en su persona esta sentencia.

La noche del día 27 del mismo mes se tocó a auto en la Santa Iglesia Catedral, y por la mañana del 28 fueron los señores Inquisidores en procesión con la cruz verde cubierta de un velo negro, acompañados del Cabildo de la Santa Iglesia, gran parte de la clerecía de Córdoba y el Ilustrísimo señor Obispo de Málaga don Rodrigo de Soria que había venido a esta para hacer la degradación de dicho tesorero, por estar vacante la mitra de ella: llevando el tesorero con las insignias, dos familiares o ministros de la inquisición y un religioso que lo exhortaba. Dirigiose la procesión al convento de San Francisco, en cuya iglesia estaba preparado un vistoso tablado al que todos ascendieron, tomando cada cual el lugar que le competía, y el tesorero el que se le tenía preparado. A la derecha del anfiteatro había un altar bastante adornado y, en la credencia[81], los ornamentos para el Obispo, quien se vistió de pontifical y con dos dignidades de la Santa Iglesia Catedral, comenzó el sermón que doctamente hizo el guardián de dicho convento y fenecido, le fuera leído al reo sus procesos, y al momento el Alguacil Mayor, hijo del muerto, lo condujo vestido como para cantar el Evangelio (que era el orden que tenía) donde estaba el Obispo, y puesto entre el Ilustrísimo de rodillas, le quitó la dalmática[82] estola y libro de los evangelios; volviéronle a poner la dalmática al lado de la epístola y el Obispo se la quitó [5, 213] con el manípulo[83] y libro de ellas: diéronle al reo unas vinagreras, cruz y llaves y una campanilla, y todo se lo quitó de las

81 Mesa de apoyo donde se coloca lo necesario para el acto religioso.

82 Vestidura litúrgica cristiana que se pone encima del alba; cubre el cuerpo por delante y por detrás, y lleva para tapar los brazos una especie de mangas anchas y abiertas.

83 Ornamento sagrado consistente en una tira corta de tela que, por medio de un fiador, se sujeta al antebrazo izquierdo sobre la manga del alba.

manos; del mismo modo lo despojó su ilustrísima de la sobrepelliz y ropa azul que tenía, quedando en un sayo de paño con el que fue rebajado a la real justicia. Esta, en vista del proceso, lo condenó a que fuese quemado vivo; y le puso un jubón amarillo con mangas largas, una capilla en forma de capuz y, en el remate, borla grande de muchos colores, una coraza larguísima y un letrero con letras grandes que decía: «Este ha judaizado», y en esta forma vestido al señor tesorero lo cabalgaron sobre un asno y lo condujeron a la Puerta de Baeza, en cuyo campo estaba hincado un palo con un asiento alto donde lo sentaron y fijaron con una argolla, y fue quemado vivo por hereje, judaizante contumaz. Este fue el fin que tuvo Pedro Fernández de Alcaudete, tesorero de la Santa Iglesia de Córdoba.[84]

Tal parece que estuviera uno leyendo *El hereje*, de Miguel Delibes. Que estos hechos son históricos está claro. Lo del rastro de sangre hasta la capilla será, seguramente, el adorno de la imaginación popular que ve en el rostro martirizado del *Ecce homo* de la capilla el dolor infligido por el supuesto sacrilegio del tesorero. Que la leyenda se forja mucho después a los hechos lo demuestra el que la imagen del Cristo martirizado no apareciera hasta la renovación de esta capilla ya en el siglo XVIII por el arquitecto don Teodosio Sánchez de Rueda, por lo que cronológicamente no se corresponde con la época en que se sitúan los sucesos. Sea como fuere, no dejes de visitar la capilla de sangre.

LA CAPILLA DEL PERRO ENTERRADO

Los muros de la antigua Mezquita están cubiertos de capillas que, a lo largo del tiempo, fueron costeadas por nobles y eclesiásticos, y sirvieron de lugar de enterramiento para

84 Caso que sucedió en Córdoba con un tesorero de la Santa Iglesia Catedral, el cual fue castigado por el Santo Tribunal de la Inquisición de la ciudad. AA. VV. (2002), *op. cit.*, tomo I, pág. 212.

familias ilustres. Con cierta frecuencia, con el paso de los años, algunas fueron reutilizadas, como sucedió con la que ahora nos ocupa. Pero hubo un hecho, recogido entre los casos extraños ocurridos en la ciudad, que obligó a cambiar las normas sobre los enterramientos en la Catedral.

Corría el año 1430 cuando el que fuera alcalde mayor de Córdoba, don Alvar Núñez de Herrera, logró del Cabildo que le fuera cedida la antigua capilla de Santa Marina, y la refundó bajo la advocación de otro santo, quedándose como capilla de San Matías, para que le sirviera de panteón familiar. Pasó el tiempo, y ya en 1586 sucedió que uno de sus descendientes, cuyo nombre quedó en el anonimato, por aquello de no ofender a la familia, cayó enfermo y murió repentinamente. El caso extraordinario fue que el cuerpo del difunto desapareció misteriosamente y no hubo manera de localizarlo, a pesar de la búsqueda concienzuda y desesperada por parte de familiares y sirvientes. La familia estaba atemorizada, consternada y atónita por lo ocurrido, y no sabía qué hacer por miedo a que el suceso se hiciera público con el consiguiente escándalo. Así que determinaron hacer lo posible para que no se supiera, a fin de evitar el deshonor que suponía el no haber sido capaces de velar el cuerpo del difunto.

En la casa tenían un perro grande, un lebrel, alto y grueso, a pesar de la raza. Dado el tamaño y el peso del animal, la solución que idearon fue matarlo y, debidamente amortajado, lo introdujeron en el ataúd para no levantar sospechas. Llegado el día del entierro, se realizó con toda la solemnidad que correspondía al linaje del difunto y, entre procesiones y oraciones, fue el féretro depositado en la capilla de San Matías, como estaba previsto. Pero no hay secreto que pueda guardarse cuando tanto criados como allegados participaron en una búsqueda denodada por encontrar el cadáver del muerto, y alguien debió de irse de la lengua, porque inmediatamente comenzaron a correr las murmuraciones entre el pueblo, que afirmaba que el cuerpo de don fulano se lo había llevado el diablo arrastrado por sus pecados y que, en su lugar, habían enterrado un perro en la mismísima Catedral. El rumor creció tanto que se transformó en un escándalo, lo que obligó al ordinario eclesiástico a tomar cartas en el asunto. Para aplacar los rumores, dictó que se inspeccionara el hecho, se exhumara el cadáver y se comprobara.

Fueron a la capilla, sacaron el ataúd, abrieron la tapa y, efectivamente, encontraron al pobre perro amortajado. Escandalizados, arrojaron al animal al río y procedieron contra la familia, la cual, finalmente, confesó el hecho más que avergonzada y se vio obligada a abandonar la ciudad.

Este suceso insólito tuvo sus consecuencias en las normas de enterramientos en el recinto de la Catedral. El obispo, don Antonio del Pozo y Figueroa, ordenó que, a partir de ese momento, todo difunto que fuera a enterrarse en el recinto fuese llevado en andas o parihuelas, con el rostro descubierto para ser reconocido y no en el ataúd cerrado, y que el sacerdote diese fe del hecho antes de darle sepultura. Esta orden fue sancionada por el Real Consejo de Castilla el 10 de junio de 1586.

Ningún otro miembro de la familia fue enterrado en la capilla desde entonces, tampoco se reclamó su propiedad. Con el tiempo la capilla de San Matías fue trasladada para ubicar en su lugar el baptisterio, lo que se conmemora en la inscripción que hay en la entrada y posibilita el paso, con lo que todo cayó en el olvido. O casi, porque en la conciencia popular permaneció el suceso de tal forma que aún hoy se la conoce como «la capilla del Perro».

EL PASADIZO SECRETO ENTRE LA MEZQUITA-CATEDRAL Y MEDINA AZAHARA

En el muro occidental, donde la capilla de la Sangre, debía de estar el famoso pasadizo que comunicaba la Mezquita-Catedral con el que fuera el palacio de Medina Azahara. Quien viene a Córdoba debe incluir en su visita Medina Azahara, un monumento declarado Patrimonio de la Humanidad, la ciudad palatina más grandiosa de Occidente que no llegó a cumplir los cien años víctima del fanatismo religioso y las guerras civiles, esta vez, entre musulmanes. Un monumento al amor, pero también a la grandiosidad y el poder del califato. Fue construida por Abderramán III, y la leyenda cuenta que mandó cavar un túnel tan alto que permitía al califa acudir a caballo desde aquel hermoso palacio hasta la *alhama* para efectuar sus rezos diarios. El imaginario popular sitúa la entrada en la muralla oeste, precisamente donde se elevó el acceso superior, el *sabat*. El túnel no ha sido encontrado, a pesar de las múltiples obras realizadas. Aunque el origen de esta leyenda puede tener su explicación: Córdoba contó desde su fundación por los romanos con una amplísima red de alcantarillado que quedaba a la vista en muchas de las obras realizadas en la ciudad. Su altura era considerable, algunas tuve ocasión de verlas en la zona de la Arruzafa, en una villa particular donde el derribo de una pared de contención dejó a la vista el pasadizo. O en la Casa de las Pavas, llamada así por los dos pavos reales que blasonan su puerta de carruajes —hoy, hotel Las Casas de la Judería—, donde, en una hornacina de una pieza umbría a la que se accedía desde el segundo patio bajando unas escaleras, los ladrillos del fondo dejaban ver ese túnel. En ambos casos tuve la tentación de emprender una exploración, linterna en mano, para ver adónde conducían y, no sé por qué, tenía la impresión de que este último podía ser el acceso a las cárceles subterráneas de la Inquisición que algunos autores nombran. Nunca tuve ocasión de comprobarlo, o quizás me faltó valor. Este hecho daría lugar sin duda a esas leyendas fantásticas.

Las canalizaciones de aguas subterráneas, tan abundantes en Córdoba, también contribuyen a este imaginario colectivo cuando en las diferentes obras realizadas en casas particulares se encuentran con galerías de grandes dimensiones.

Lo cierto es que una historia tan arraigada no podía quedarse sin su leyenda saltando a la literatura. Así, un erudito enamorado de nuestra ciudad, Gonzalo Chacón[85], nos narra

85 Chacón, Gonzalo (2004). *Leyendas de Medinat Al-Zahra*. Córdoba: Autoedición. Págs. 193-195.

el supuesto descubrimiento de esta galería, su exploración y sus hallazgos. Cuenta cómo el deán de la Catedral, un reputado arabista, es informado de que, tras el hundimiento del pavimento de la calle Torrijos, en la zona oeste de la Mezquita-Catedral, había quedado al descubierto un pasadizo tapiado que podía corresponderse con el citado túnel que comunicaba con Medina Azahara. El deán, que tenía noticias de su existencia por las crónicas árabes leídas, entusiasmado, decidió explorar inmediatamente el descubrimiento.

> Cuando todo estuvo dispuesto, el deán, el secretario y dos albañiles se introdujeron en la galería [...]. La galería [...] tenía como un metro y medio de ancho por dos de alto, y dada su solidez, no encontraron derrumbamientos que entorpecieran su marcha.

Exploraron primeramente en dirección a la Mezquita, pero encontraron el acceso tapiado por lo que parecía un muro construido hacía mucho tiempo. Así que invirtieron el sentido de la marcha y se dirigieron hacia el oeste, en dirección a Medina Azahara desde la Mezquita-Catedral, siguiendo las indicaciones que la brújula les iba dando. El deán había leído en las crónicas que el túnel tuvo un terrible destino:

> Después de tapiar su acceso a la Mezquita, numerosos habitantes de Medina Azahara, no menos de quinientos, fueron encadenados a las paredes en su interior. Después los bereberes cerraron sólidamente la salida al alcázar, dejando emparedados a aquellos infelices que murieron de hambre y sed.

Y, efectivamente, cuando llevaban recorridos unos cuatro kilómetros, hicieron el macabro descubrimiento de cientos de esqueletos encadenados a los muros, hombres, mujeres, niños de los que no quedaban más que los huesos enracimados y las calaveras, aún atados por cadenas a las argollas de las paredes. Ante un espectáculo tan espeluznante, horrorizados, dieron media vuelta para informar del hallazgo. Cuenta también que, en las grabaciones efectuadas, escucharon psicofonías en lengua árabe, los lamentos de los muertos pidiendo ser enterrados para poder descansar en paz. Según nos relata Chacón, la Junta de Andalucía se habría ocupado de los restos, los habría entregado a las autoridades musulmanas que les habrían dado sepultura con arreglo a las prescripciones del Corán.

En diferentes obras se citan este y otros pasadizos. Se cita un túnel, por ejemplo, que comunicaría el Alcázar de los Reyes Cristianos, cuya entrada se sitúa en el Salón del Trono, con la Torre de la Calahorra por debajo del río, hasta un profundo pozo situado entre los dos cuerpos desde el que se sube por una empinada escalera de caracol. También se mencionan túneles que comunicarían la torre de la Catedral y el Palacio Episcopal con la Puerta del Puente, a la que no siempre se le atribuyen funciones de escape, defensa o fuga: en estos casos, el campanero avisaría al obispo de que se avecinaba una tormenta para que él, desde la Puerta del Puente, «revestido de pontifical y con el ramo de olivo y romero bendito encendido, salga al encuentro de las tormentas y la peste y las detenga y conjure [...]».[86]

Valga el fragmento como una muestra de lo arraigada que está la leyenda en el imaginario popular, alentado por este tipo de relatos que no dejan de ser fantasías maravillosas, pero fantasías que, en cualquier momento, pueden resultar ciertas. A modo de ejemplo, en los años setenta, se contaba que unos turistas cayeron por accidente en el pozo de la casa de los baños, situada en la calle Velázquez Bosco. La corriente los arrastró sin que pudieran asirse a parte alguna, pero los bomberos, consultadas las canalizaciones subterráneas, lograron rescatarlos en el Alcázar de los Reyes Cristianos. No he logrado recuperar esa información en la prensa local, quizás sea solo parte de la leyenda. Pero, como sucede con la basílica de San Vicente, o sucedió con la ciudad palatina de Medina Zahira construida por Almanzor, olvidada y descubierta gracias a las excavaciones obligadas del AVE, cualquier día las obras o las catas arqueológicas

---

86 Hernández Sánchez, Marcial (2008). *Cuentos de Córdoba.* Córdoba: Litopres.

nos dan una sorpresa. Córdoba es una ciudad mágica, pero que guarda celosamente sus secretos, unos secretos que solo revela a quien le toca el alma.

La realidad es que, hoy por hoy, a pesar de las catas y los trabajos efectuados a lo largo de los siglos, no existen pruebas documentales de su existencia.

CAPILLA DE SAN CRISTÓBAL: EL SANTO QUE PROLONGA LA VIDA

Vayamos ahora hacia el centro de la Mezquita-Catedral, justo donde se inicia la ampliación de Almanzor, casi enfrente de la entrada por la Puerta de las Palmas. Allí encontramos un cuadro imponente por su tamaño que corresponde a san Cristóbal, o san Cristobalón para los cordobeses, por aquello de sus enormes dimensiones. Su vestimenta es llamativa: ataviado como un barquero o un pescador, con los pantalones arremangados por encima de las rodillas, apoyado en un báculo en su mano derecha, que lleva sobre sus hombros a Jesús niño. La historia es la de un santo, mártir del siglo III, de nombre Reprobus:

> Reprobus era un gigante de fuerza prodigiosa que quería ponerse al servicio del ser más poderoso de la tierra. Llegó a un gran territorio y, viendo que todos obedecían al rey, ofreció su lealtad al monarca. Pero un día vio que el rey se persignaba al escuchar la palabra *diablo*, deduciendo así que le tenía miedo, y pensó que aquel ser era más poderoso que el propio rey, así que lo buscó y se puso a su servicio. Sin embargo, una mañana, caminando con el diablo, se dio cuenta de que este cambiaba de ruta al llegar a un lugar donde se erigía una cruz. Como vio que el diablo tenía miedo, pensó que había alguien aún más poderoso que el propio diablo. Así que buscó quien lo orientara sobre cómo encontrar a ese gran ser ante el que todos se inclinaban, temían o rehuían, y llegó hasta un ermitaño, a quien le expuso sus vicisitudes. Entonces, este le propuso que tuviera

paciencia y esperara haciendo algo útil, que construyera una cabaña junto al río y ayudara a los caminantes a vadearlo.

Y eso hizo. Al no tener dinero para comprar una barca, gracias a su gran tamaño y fuerza hercúlea, vadeaba el río llevando a hombros a quienes lo querían cruzar. Un día llegó un niño y le pidió que lo pasase al otro lado. Él lo hizo, pero el niño a cada paso que daba pesaba más y más, y el agua venía cada vez más crecida. No podía dejar de avanzar ni bajar al niño de sus hombros. Apretando los dientes, como pudo, continuó su marcha. El peso del pequeño se hacía insoportable, sus pies se hundían en el barro y avanzaba tan a duras penas que se le hizo de noche. Cuando por fin logró llegar con su último aliento hasta la otra orilla, agotado por el esfuerzo, cayó en tierra. Fue entonces cuando oyó al niño, que lo miraba dulcemente, decir estas palabras:

—Yo soy Jesús, tu Dios y señor. Sin saberlo, has llevado sobre tus hombros al autor de todo lo creado y, por lo tanto, el gran peso del mundo. Para demostrarte lo que te digo, clava tu palo en el suelo y mañana, cuando amanezca, estará florecido.

San Cristóbal con el Niño Jesús (autor desconocido, 1570-1600).

Todavía aturdido, obedeció y clavó el báculo con fuerza en la tierra, e inmediatamente quedó dormido. A la mañana siguiente, despertó creyendo que todo había sido un sueño, pero en el lugar donde clavó su báculo halló una frondosa palmera. Su conversión fue inmediata e inquebrantable. Mantuvo su relato y no se desdijo, a pesar de las pruebas a las que fue sometido por el gobernador. Su fe le valió la tortura y el martirio. Y, finalmente, murió decapitado.

* * *

Durante el siglo XIV existía la creencia de que contemplar a San Cristóbal prolongaba un día la vida, lo cual hizo muy popular al santo y muchos obispos quisieron tenerlo a la vista, lo que motivó el encargo de tener una imagen suya en la Catedral. La narrativa ayudaba, además, a fomentar la afluencia de los fieles al lugar. Pero la historia no acaba aquí, porque el fervor popular no tardó en crear, en torno a él, varias leyendas.

El claroscuro de las pinceladas puede jugarnos malas pasadas por aquello de las leyes de la percepción. Cuando era niño, teníamos la creencia de que, si rezabas un padrenuestro ante la imagen, el santo te perseguiría para golpearte con su báculo. Así que rezábamos y salíamos corriendo, zigzagueando entre las columnas. Y puedo asegurar que, en mi imaginación infantil, oía el báculo de san Cristóbal golpear las columnas detrás de mí. Podéis creerme porque temía que en alguna de esas acabara por darme en la cabeza.

Pero, más adelante, escuché otras dos leyendas antes de que Iker Jiménez nos familiarizara con eso de la pareidolia, ese sesgo de la percepción en que unas simples manchas son interpretadas por nuestro cerebro otorgándoles un sentido. Puede que sea así, pero la cultura popular atribuye a este cuadro dos virtudes milagrosas que poco tienen que ver con prolongar la vida: la primera es que quien sea capaz de ver a la Virgen María en el cuadro encontrará marido —tal parece que eso de casarse nunca fue una empresa fácil—; la segunda, no menos interesante, decía que quien vea el rostro de un enano encapuchado podrá pedir un deseo que el santo le concederá. Para conseguir uno u otro, tenías que estar en estado de gracia y rezar un padrenuestro. Así que, si no lo logras, ya puedes ir a confesarte.

No he conseguido ver a la Virgen, lo reconozco, pero recomiendo al visitante que fije su atención en la parte izquierda de la rodilla adelantada, entre el tobillo y el báculo, y quizás tenga la ocasión de ver cumplido algún deseo.

LA COLUMNA DEL INFIERNO

La disposición de la estructura de la Mezquita-Catedral es de una sucesión alineada de acueductos en paralelo. Cada hilera de columnas, de norte a sur, sustenta un canal en la techumbre para facilitar la evacuación del agua de lluvia. En los días de fuerte tormenta, es un espectáculo ver la distancia a la que los canalones lanzan el agua con una furia que atemoriza. Entre columnas estructurales y decorativas sumaban más de mil, y era frecuente utilizar edificios preexistentes para aprovechar los materiales. Como ya hemos dicho, si observamos la primera versión de la Mezquita, justo la que encontramos al entrar por la Puerta de los Deanes, veremos cómo las columnas son diferentes entre sí en sus fustes y capiteles, en su basamento y en su decoración. Se debe precisamente a esto, aprovecharon derribos de templos anteriores en una edificación que se hizo muy deprisa para que el califa pudiera ver culminada su obra antes de morir. Esto, junto con el estilo, ha dado pie a pensar que es posible que no fuera una obra de nueva planta, sino, en realidad, la auténtica estructura de la basílica visigoda rehabilitada para transformarla en Mezquita[87]; pero esto no deja de ser una hipótesis lejos de ser confirmada. La diversidad de formas y colores llama la atención, por lo que no es de extrañar que haya alguna que otra leyenda asociada

87 Olagüe, Ignacio (2017). *La revolución islámica en Occidente.* Córdoba: Almuzara.

a las columnas. Una de las más curiosas es la conocida como la «columna del infierno». Está situada justo enfrente del cuadro dedicado a san Cristóbal y resulta fácilmente reconocible porque hubo de ser protegida para que los curiosos no siguieran arañándola con monedas, produciendo el desgaste que es fácilmente observable.

Esta curiosa denominación se debe al hecho de que al frotar la columna con una moneda desprende olor a azufre. Y digo que es un hecho porque yo mismo lo comprobé siendo niño sin dejar de asombrarme y asustarme ante el fenómeno. Hoy sabemos que tiene una explicación natural debido a la composición misma del mármol de la columna[88], pero los visitantes no siempre son duchos en eso de la química, y lo eran mucho menos en los siglos anteriores. Se difundió, además, la creencia de que el polvo de la columna tenía propiedades curativas, lo que fomentó el arañarla para extraer alguna que otra esquirla y utilizarla en ungüentos y bebedizos. El resultado es que hubo que protegerla en época reciente para evitar su deterioro progresivo.

En mi imaginación infantil vuela la historia que me contaban del demonio que quiso destruir la Mezquita:

> Celoso del poder que Alá había otorgado al hombre, el demonio quiso acabar con la *alhama* enviando a un *yinn*, que se presentó como una bella mujer para enamorar al maestro de obras. Esta, cuando ambos dormían, confundía continuamente sus cálculos de tal manera que los accidentes se sucedían uno tras otro sin que el pobre lograra encontrar las causas. Jamás le había ocurrido nada parecido, y las obras, en lugar de avanzar, iban cada vez más retrasadas.

88 Encontré esta explicación aportada por un internauta en un foro: «En la composición de esa columna existe azufre (S) y, al frotar una moneda, la humedad del aire (H_2O) reacciona con el azufre, dando el sulfhídrico. $S_2+H_2O(H\text{-})>H_2S$. La cantidad de sulfhídrico que se obtiene es pequeña, pero se nota el olor desagradable si acercas la nariz». Aunque no tengo conocimientos de química, me parece una explicación muy plausible. Gracias, Ben.

Ese día, una parte de la techumbre se había caído y aquello podía costarle su trabajo. Pero sucedió que llegó un célebre médico y alquimista a quien conocía desde niño, Ibn Sina. Entablaron pronto una animada conversación paseando en dirección a la ribera. Como lo vio desesperado, lo invitó a sentarse junto a un árbol, lo tranquilizó y le preguntó la causa de su inquietud. Algo más sereno, este le contó cómo, a pesar de su celo, de repasar una y otra vez sus cálculos y supervisar cada elemento, los errores se sucedían continuamente. El alquimista quedó muy pensativo y lo citó aquella misma tarde en su casa. Nervioso por la preocupación que pudo observar en el rostro de su amigo, el maestro de obras se encaminó hacia allí con decisión. El alquimista le hizo pasar a una pequeña habitación que había a la derecha del zaguán, sin ventanas, y sin más explicación se sentaron sobre unas gruesas alfombras. Después,

Árabes conversando (Apeles Mestres, 1884).

en un pequeño brasero, quemó algo de incienso y romero para contemplar el humo blanco mientras murmuraba en voz baja algunas palabras ininteligibles, y observó cómo el humo se alejaba del maestro.

—Estás bajo la influencia de un *yinn.* ¿Has conocido últimamente a alguien?

El maestro le contó su encuentro con la bella joven y cómo desde ese día, enamorado, dormían cada noche juntos, pero no podía ser un demonio porque lo hacía muy feliz, tanto que había decidido hacerla su esposa. El alquimista le preguntó sobre su familia y sus orígenes, y, para sorpresa del maestro, en ese mismo momento, se dio cuenta de que no sabía nada de ella. Entonces, el alquimista le contó cómo los *yinn* podían cambiar de forma para confundir a los fieles, que se alimentaban de su alma y tal era su poder que, si se encontraba junto a alguno, jamás podría reconocerlo. Pero había algo que lo delataría: no podía pisar suelo sagrado. Así, le propuso salir de dudas citando a la muchacha en la Mezquita, en los soportales, donde con frecuencia acudían las mujeres. Así lo hizo, y, una vez allí, se reunieron con el alquimista, quien la invitó a entrar en el bosque de columnas. Aunque se resistió con grandes gritos pidiendo auxilio, este la agarró del brazo y la obligó a caminar hacia el interior sin que nadie tuviera tiempo de intervenir, mientras recitaba versos del Corán.

Cuentan que, nada más atravesar la Puerta de las Bendiciones y entrar en el templo, la bella muchacha se transformó en un ser grotesco de piel oscura y escamada, con un rostro más parecido a un lagarto que a un ser humano. Y en ese mismo momento, dando un gran salto se convirtió en humo y penetró hasta el infierno a través de una columna que, desde entonces, huele a azufre cada vez que la frotas con un metal.

* * *

A partir de aquel día, no hubo más accidentes en la construcción de la Mezquita, pero sí se tomó una precaución que aún pervive en las paredes del monumento: adornarla con citas del Corán para evitar que el diablo o cualquiera de sus demonios pudiera atravesar el umbral de este recinto sagrado dedicado a la oración.

LA COLUMNA GUARDIANA DE LA PIEDRA FILOSOFAL

Esta leyenda se debe a un famosísimo escritor francés, Víctor Hugo. El Romanticismo exploró continuamente en su narrativa y su poesía esa frontera que se diluye entre lo natural y lo sobrenatural. Es lógico, pues, que este bosque inmenso de columnas envueltas en un halo religioso entre luces y tinieblas despertara la imaginación del gran novelista. En una de sus más famosas obras, que influyó notablemente en la narrativa de la época y ha sido llevada al cine en numerosas ocasiones, se menciona la Mezquita-Catedral de Córdoba envuelta en ese misterio oriental tan atractivo para estos autores extranjeros asombrados por un arte único en Europa. Se trata de la famosa *Notre Dame de París*. En ella encontramos a un alquimista obsesionado por lograr la piedra filosofal, esa capaz de convertir en oro todo cuanto toca. La imaginación de Víctor Hugo sitúa en Córdoba ese descubrimiento de la mano ni más ni menos que de Averroes, uno de los cordobeses más ilustres de su historia, cuya estatua podéis ver junto a la muralla en los jardines de la Luna, sentado, sosteniendo un libro sobre su rodilla izquierda, mirando al infinito.

El mencionado alquimista descubre o cree descubrir que el secreto consiste en lograr encerrar los rayos de sol en una redoma. Da por cierto que Averroes lo consiguió y que logró enterrar ese rayo de sol aprisionado, la esencia misma de la piedra filosofal, bajo una columna de la Mezquita-Catedral. Pero no os hagáis ilusiones, aunque nuestro novelista nos da la situación exacta en su novela: «Debajo del primer pilar, a la izquierda del mihrab». Y también afirma que «no se podrá socavar el suelo para ver si ha salido bien la operación hasta de aquí a ocho mil años».

Así que no nos queda sino tener algo de paciencia. Os dejo el fragmento completo como curiosidad romántica para los nostálgicos:

> Estos no son delirios. Esta es la ley general de la naturaleza. Pero ¿qué hacer para arrancar a la ciencia el secreto de esta ley general? ¡Y qué! ¡Esa luz que inunda mi mano, es oro! ¡Esos mismos átomos dilatados conforme a cierta ley, bastaría condensarlos conforme a otra cierta ley, para convertirlos en oro! ¿Qué he de hacer? Algunos han tenido la idea de sepultar un rayo del sol. Averroes. Sí, Averroes fue. Averroes enterró uno debajo del primer pilar a la izquierda del santuario del Alcorán, en la gran Mezquita de Córdoba; pero no se podrá socavar el suelo para ver si ha salido bien la operación hasta de aquí a ocho mil años.[89]

LA CADENA DEL FIN DEL MUNDO

Caminamos por la nave central hacia el mirhab. A veces, deslumbrados por la belleza que nos aguarda, los arcos lobulados y el brillo de las teselas, nos pasa desapercibida la Capilla Real a nuestra izquierda. No dejéis de contemplarla porque es la expresión más pura del arte mudéjar en Córdoba. Sepultura de reyes, fue encargada por Constanza de Portugal en 1312 a la muerte de su marido, Fernando IV, y remodelada en 1371 por Enrique II para el enterramiento de su padre, Alfonso XI, cuyos restos hoy descansan en la Real Colegiata de San Hipólito.

Pero continuemos nuestra marcha hacia el muro sur, allí nos espera el recinto más sagrado del templo[90] para los musulmanes. El mihrab es una deslumbrante obra de arte por su forma y su decoración. Todo el templo se

89 Hugo, Víctor (2005). *Nuestra Señora de París.* Madrid: Cátedra. Cap. 4, pág. 177. Edición original en francés en 1831.

90 Primo Jurado, Juan José (2011), *op. cit.*, pág. 20.

orienta hacia él, porque supone una representación del lugar sagrado donde, según el Corán, un ángel habría amamantado a la Virgen María siendo niña. Lo que contrasta con el cristianismo es el hecho de que el interior esté vacío. Para los musulmanes, ese vacío es la manifestación del *al-hayba*, del temor y respeto a Dios. Si penetramos en él y miramos hacia arriba, veremos una concha cuya forma, acústicamente, actúa como un amplificador y hacía que la voz del imán, situado debajo, resonara en toda la Mezquita. La forma también tiene su historia de leyenda.

Mihrab de la Mezquita de Córdoba
(Francisco Javier Parcerisa, 1855).

En una noche cualquiera, la concha emerge a la superficie, allí se abre y recibe una gota de rocío. Al regresar al fondo, esa gota se convierte en una hermosa perla. De la misma forma, los fieles reciben la palabra de Alá, que se convertirá en la perla en sus corazones que los conducirá hasta el paraíso.[91] Y la palabra es la luz que ilumina el alma. Es aquí, en este espacio, donde se depositaba el Corán.[92] El que había en la Mezquita de Córdoba era una reliquia sagrada para los fieles:

> En la Mezquita se guarda el ejemplar del Libro Santo, que es leído durante la oración. El que había en la de Córdoba era tan pesado que hacían falta dos hombres para levantarlo, y tenía cuatro páginas escritas por el califa Otmán, que fue el tercero de los sucesores de Mahoma, y que se pinchó ligeramente un dedo mientras escribía: las manchas de unas gotas de su sangre eran todavía visibles en el manuscrito, que se guardaba, dice una crónica, en un estuche enriquecido con los adornos más delicados y extraordinarios; lo sacaban del tesoro los viernes, y se colocaba en el pupitre que le estaba reservado en el oratorio, y después de que el imán lo había leído, se restituía al tesoro.
>
> Junto al mihrab hay un púlpito de maderas labradas, el mimbar, al que se sube el imán para dirigir los rezos, leer el Corán y pronunciar la *jutba*, un sermón que no es únicamente religioso, puede ser un discurso político o una arenga en favor de la guerra santa. El de Al Hakam II estaba hecho de ébano, de sándalo rojo y de áloe, costó treinta mil setecientos cinco dinares y se tardaron cinco años en terminarla.[93]

Los arcos lobulados ya anticipan la grandiosidad de esta obra de arte, el mihrab más lujoso y refinado del arte musulmán de todos los tiempos. Una verja nos impide el paso, aísla la *maqsura*, un lugar reservado para el califa y su corte que le evitaban el contacto y los posibles riesgos inherentes a mez-

---

91 Burckhaart, Titus (1979). *La civilización hispano-árabe.* Madrid: Alianza Editorial. Págs. 19-20.

92 González Llana, Manuel (1867), *op. cit.*, pág. 81.

93 Muñoz Molina, Antonio (1991), *op. cit.*, págs. 145-148.

clarse con el pueblo, de ahí el *sabat*, el pasadizo elevado. A pesar de estar en suelo sagrado, el califa Omar fue asesinado mientras oraba en la Mezquita de Medina; a Otmán lo lapidaron en un *almimbar*[94], y a Abd al Aziz, hijo de Musa, lo asesinaron en la Mezquita de Sevilla.[95]

Mirad hacia arriba, una cúpula octogonal se adorna con trazos que se entremezclan con un colorido deslumbrante que trata de sublimar la vegetación emulando el sueño del paraíso. Sus tonos se deben al polvo de vidrio que se utilizó en su realización, a base de teselas, un regalo de Nicéforo Focas, emperador de Bizancio, a Alhaken II. De esta magnífica cúpula cuelga una larga cadena. Lo más probable es que fuera utilizada para sostener una gran lámpara para que nunca faltara la luz en el mihrab:

> Dios es la Luz de los cielos y la tierra.
>
> La parábola de su luz es como si hubiera un nicho y dentro de ella una lámpara.
>
> La lámpara encerrada en vidrio: el vidrio como si fuera una estrella brillante.
>
> *Corán 24:35.*

Cuenta la leyenda que esta cadena era de oro puro y que, en principio, era mucho más larga, pero cada año que pasaba iba perdiendo un eslabón. Su longitud era tal que le permitía dar algunas vueltas sobre sí misma, pero, cuando desapareciera el último eslabón, el fin del mundo llegaría. Se trataba en definitiva de una especie de reloj con eslabones en lugar de segundero, un reloj de «cadena».

Hay también quien dice que la pérdida de eslabones se debió a que los sucesivos obispos la iban cortando para financiar las obras de mantenimiento y restauración que se fueron realizando en cada etapa. Una explicación bastante más

94 Especie de púlpito donde se subía el *jatib* o el propio califa para echar el sermón de los viernes.

95 Muñoz Molina, Antonio (1991), *op. cit.*, pág. 148.

prosaica, también más creíble, aunque queda por constatar si, efectivamente, la cadena es, o alguna vez fue, de oro.

EL FANTASMA DE DOÑA JUANA

Si miráis el mihrab de frente, observaréis una pequeña puerta a su derecha. Es la entrada a las salas a las que conducía el *sabat*, desde donde el califa accedía a la oración con su corte. Hoy se dedica a la extraordinaria Biblioteca Episcopal, pero hubo un tiempo en que estas salas podían ser habilitadas para su uso particular con una licencia especial. Es el caso terrible que da origen a esta leyenda.

Os pongo en antecedentes:

La editorial Almuzara me había animado a escribir un libro sobre la Córdoba misteriosa y, en esa fase de documentación previa a cualquier escrito, había concertado algunas entrevistas con personas que decían ser testigos de fenómenos extraordinarios que podían venir a corroborar ciertas historias o leyendas. Y en esas, me reuní en la cafetería de un hotel céntrico de Córdoba con un guardia de seguridad cuyo nombre omito a petición del propio interesado. Cuando alguien se dedica a cuestiones de seguridad, no conviene que se ponga en duda su lucidez. Un conocido me había dado su nombre, en privado, y me había contado por qué renunció a su puesto de vigilante nocturno de la Mezquita-Catedral. Lo llamé, le expliqué el motivo de mi interés y aceptó reunirse conmigo.

Era un hombre joven, corpulento, fuerte, con algo más de treinta años. Me costó ganarme su confianza. Cuando se sentó frente a mí en la cafetería, sus ojos evitaban mirarme de frente. Poco a poco, logré que fuera hablando porque lo que me iba a contar nadie lo creería sin tenerlo por loco. Para tranquilizarlo, le referí un par de testimonios recogidos sobre otros fenómenos paranormales en el antiguo Hospital de Agudos o en el Palacio de Congresos dados por personas que los vivieron directamente y de cuya lucidez y cordura no cabía dudar. Ya más confiado, comenzó a relatarme su propia historia.

—Hacer la guardia nocturna en el recinto de la Mezquita-Catedral no era fácil. Siempre había fenómenos más o menos explicables. En ocasiones, el *walkie* empezaba a sonar, a conectarse y desconectarse emitiendo zumbidos extraños, pero eso podían ser interferencias o problemas de un equipo obsoleto; en otras, se oían como murmullos de rezos, pero podían ser imaginaciones derivadas del sonido del viento entrando por cualquier resquicio de puertas o techumbre, y a veces se veían como sombras desplazarse entre las columnas, pero podían ser meros reflejos o fruto de tu imaginación. Todo era más o menos explicable racionalmente, y eso te permitía mantener los nervios en su sitio. Pero todo cambió una noche.

»Estaba haciendo la ronda cuando vi cómo una mujer se movía entre las columnas. Y digo «se movía» porque no caminaba, era como si se deslizara sin apenas moverse. Iba vestida a lo antiguo, como en esos cuadros que hay en el Prado, y en aquel espacio tan negro, era como si emanara una luz muy extraña. Sin hacer otro movimiento, avanzó hasta una lápida y allí parece que se desvaneció como si fuera humo.

—¿Y dónde estabas tú en ese momento?

—Caminaba frente al mihrab, hacia la sacristía.

—¿Y dónde la viste exactamente?

—Fue como si saliera del muro o algo así.

—Y tú, ¿qué hiciste?

—No podía moverme, estaba asustado. Cuando me recuperé, volví hasta mi mesa sin dejar de mirar atrás. Llamé por el *walkie* para que me relevaran, dije que me encontraba mal. Pero no había nadie que pudiera sustituirme en ese momento. Aguanté como pude, esperando verla aparecer en cualquier momento, pero no pasó nada más. Lo que sí hice fue renunciar a esa guardia para no volver allí nunca más.

No sé si el relato es o no cierto, pero sí puedo asegurar que, cuando me lo contaba, se dibujaba el miedo en su cara, como si el revivir la escena le causara pánico a pesar del tiempo transcurrido. También me dijo que no era él el único guardia de seguridad que la había visto, sino que otros ya habían sido testigos de este y otros fenómenos, pero nadie decía nada por miedo a perder su puesto. Era comprensible.

Aquel libro sobre los misterios de Córdoba nunca llegué a escribirlo, pero conservé bastantes páginas de la investigación realizada y, andando el tiempo, esta historia en concreto motivó mi curiosidad, y fue así como me encontré con doña Juana, gracias a Alfonso de Sousa, en un reciente libro publicado sobre los misterios de nuestra ciudad.[96] En muy pocos casos, las historias de fantasmas tienen nombre y apellidos, pero en este caso en concreto, tiene hasta su propia historia.

> Doña Juana nació en una familia noble. Su padre, don Vasco Alfonso de Sousa, estaba emparentado con la realeza de Portugal. Llegado a España, alcanzó el favor de Alonso XI, quien le otorgó altos cargos. Se casó con una dama principal de Córdoba, doña María Gómez Carrillo, hija del señor de Santofimia, en 1351. Queda constancia de sus dotes respectivas y, entre las que recibe ella, destaca el palacete de las llamadas Casas Altas de la Colación de Santa María, hoy calle Rey Heredia n.º 13, el palacete conocido como Casa del Judío, cuya postrera da a la plaza de Jerónimo Páez, donde está el Museo Arqueológico.
>
> Como correspondía a su estatus de nobleza, solicitaron al Cabildo tener en propiedad una capilla en la Mezquita-Catedral que sirviera de panteón familiar. En 1365, les fue concedida una situada entre la capilla de San Clemente y la de Santa Lucía.
>
> El caso es que, durante los conflictos entre Enrique de Castilla y don Pedro, el posicionamiento del cabeza de familia a favor de los Trastámara tuvo su recompensa cuando Enrique II subió al trono, ya que este fue muy generoso con quienes le fueron fieles: no solo nombró alcalde mayor a don Vasco, sino que regaló a su esposa una fábrica de

96 Morales Gajete, José Manuel (2015), *op. cit.*

jabón y a doña Juana le cedió una finca cerca del río Guadagenil en Sevilla. Este trato de favor, parece claro, no solo apuntaba a la recompensa por el posicionamiento político del padre, sino por la afición que, sin duda, ya había sentido el rey por doña Juana.

Tenía doña Juana algo más de veinte años y era tenida por una belleza sin igual en Córdoba. Y aunque se dice que era de carácter alegre, nadie había podido rendirla. Por su parte, don Enrique era apuesto y decidido, conocido por sus correrías y afición a las mujeres. Del encuentro surgió un cortejo y un largo romance. No llegaron a casarse, pero tampoco la familia hubiera podido oponerse. Se dice que, para rendir a la dama, don Enrique se valió de un amigo de correrías, el poeta don Alfonso Álvarez de Villasandino, quien le componía poesías amorosas en la galantería propia de la época, al estilo de Cyrano de Bergerac —la realidad supera, a veces, a la ficción—.

Merodeadora de la noche (Apeles Mestres, 1884).

El intenso romance tuvo consecuencias y doña Leonor quedó embarazada y dio a luz a un hijo varón, al que llamaron como su padre, Enrique. La reacción del rey fue la de un padre orgulloso; a fin de cuentas, era común en la época el tener hijos fuera del matrimonio sin que ello supusiera deshonra para uno ni para el otro, tanto más cuando el mismo rey era fruto de una situación similar. Así que no tardó en reconocerlo, otorgándole además los títulos de duque de Medina Sidonia y conde de Cabra.

Se cuenta que los amores entre ellos duraron diez años, hasta que otra mujer más joven, también cordobesa, doña Constanza de Angulo, vino a sustituirla. Sin embargo, el rey no se olvidó totalmente de Juana y quiso recompensarla buscándole un buen marido. No le faltaron proposiciones de nobles, pero ella se sintió traicionada por el que había sido el amor de su vida y rompió toda relación con el rey para dedicarse en cuerpo y alma a la crianza de su hijo. Desde entonces, ni se casó ni se le conoció amante alguno.

Pero no acabó ahí su infortunio, porque en 1404, un 14 de septiembre, su hijo, de por sí débil de salud, entregó su alma a Dios. Solo tenía veintisiete años. El golpe fue tan terrible que doña Juana se negó a separarse de su hijo muerto. Se encerró con su cadáver y no permitió que nadie entrara en la habitación. Finalmente, hubo de ceder a los ruegos de su familia y criados. Introdujeron el cuerpo en un ataúd de madera labrada y, en cortejo fúnebre, fue depositado en la Capilla Mayor de la Mezquita-Catedral.

Sumida en la más profunda depresión, doña Juana no veía ningún sentido a su vida y decidió retirarse del mundo.[97] Solicitó al Cabildo permanecer dentro de la Catedral, retirada en soledad. Su petición le fue concedida y, para ello, se habilitó un cuarto en la cara sur, una pieza de las llamadas Cabezas de Rentas, una habitación a la que se accedía desde el *sabat* y que más tarde sería conocida como el «cuarto del chocolate», porque era donde los eclesiásti-

97 Parcerisa, Francisco Javier (1855). *Recuerdos y bellezas de España: obra destinada á conocer sus monumentos y antigüedades.* Vol. 9. Madrid: Imprenta de Repullés. Primera edición.

cos degustaban esta bebida durante los días de ayuno marcados en el calendario. Y allí vivió desde entonces en esa práctica que, en la época, se denominaba «emparedarse», atendida por sus sirvientas.[98]

Dicen que cada noche, cuando el recinto sagrado quedaba solo, caminaba hasta arrodillarse frente a la tumba de su hijo, para permanecer allí rezando hasta el amanecer. Su único ruego era morir para reunirse con él. Pero el destino no le fue muy favorable a sus plegarias, porque tardó más de cuarenta años en fallecer, y cuentan que cada día, cuando la Catedral se cierra, se hace el silencio y reina la penumbra, invariablemente realiza su peregrinación de duelo.

* * *

Hoy, de aquellos sucesos, solo nos queda una lápida que conmemora a don Enrique («Aquí yace don Enrique de Castilla. Duque de Medinasidonia. Conde de Cabra. Señor de Alcafán y Morón. Hijo del muy alto Rey Enrique II, el Magnífico»), pero quizá también el fantasma de doña Juana en su peregrinación nocturna. ¿Quién sabe si las piedras de las columnas quedaron impregnadas de su dolor como madre? Lo cierto es que hay quien la ha visto y apenas se atreve a narrar su historia.

LA CRUZ DEL CAUTIVO ENAMORADO

Giramos ahora hacia nuestra izquierda, vemos la Puerta de las Palmas y seguimos el muro norte hacia nuestra derecha. Encontraremos una pequeña escultura protegida por un cristal; se trata de un hombre arrodillado con la cara desgastada y ennegrecida. Ese es el cautivo enamorado, del que la

98 Muñoz Vázquez, Miguel (1962). «Casa del hijo del Rey Don Enrique II», en *Boletín de la Real Academia de Córdoba, de Ciencias, Bellas Letras y Nobles Artes* (82), págs. 109-134.

imaginación popular ha fraguado esta leyenda que ha permanecido viva durante siglos.

Eran tiempos difíciles aquellos del siglo IX en Córdoba. Los cristianos vivían sometidos, y muchos de ellos comenzaban a ceder a la conversión movidos por un ambiente siempre hostil y el pago de la *yizya*, el impuesto obligado por no seguir al profeta. Esta tendencia preocupaba, y mucho, a quienes veían peligrar la pervivencia de la religión cristiana bajo el dominio musulmán. Y algunos estaban decididos a mantener su fe a pesar de las circunstancias. Uno de ellos era san Eulogio, que había llegado a la conclusión de que la única manera de obligar al reconocimiento de la verdad en Cristo a los gobernantes era recuperando la valentía de los antiguos cristianos que, con su sacrificio, lograron doblegar al Imperio romano, esto es, a través del martirio. La ley musulmana permitía el cristianismo y el judaísmo; de hecho, había iglesias y sinagogas, pero castigaba con la muerte la blasfemia, y ese, para san Eulogio, era el camino más recto para dar ejemplo, alcanzar el paraíso y liberar a los hermanos de la apostasía. Uno tras otro, los fieles comenzaron a presentarse ante el cadí para insultar a Mahoma y al islam. Uno tras otro fueron condenados. Más de cincuenta cordobeses acabaron siendo ajusticiados por esta causa, muriendo como mártires cristianos.

Este era el ambiente que se respiraba en la gran ciudad de Córdoba cuando sucedió la historia que nos trae esa pequeña figura que representa a un cautivo encadenado, con el rostro ennegrecido. No dejéis de buscarlo, lo encontraréis entre las capillas de Nuestra Señora del Rosario y de la Epifanía

Hernán Díaz, un joven hortelano, iba cada día desde las huertas de Santa María para vender sus productos en el mercado próximo a la *alhama*, el más concurrido de la ciudad. En el ir y venir conoció a una joven musulmana, llamada Jarifa, que iba a comprar alguna fruslería y dejaba ver, en sus largas miradas, su interés creciente por aquel muchacho. La atracción era recíproca, pero resultaba imposible cualquier relación y no podían sino temer por su destino. Era un amor imposible. Jarifa pertenecía a una noble familia musulmana, jamás permitirían su unión con un cristiano, y menos siendo de origen humilde. Pero hay días en que Córdoba embruja, cuando huele a azahar y el sol se estrella contra las blancas paredes encaladas de sus callejuelas, cuando la luna llena dibuja sombras irregulares que parecen seguirnos por los rincones y los sentidos se embotan. Entonces, el amor se enseñorea de las almas y se proclama dueño de nuestra voluntad. Fue un solo gesto el que cambió sus destinos. Aquel día, justo antes de retirarse del puesto, la dama exhaló un suspiró murmurando: «¡Ay, si tú quisieras…!».

La vio retirarse como dubitativa para girar una vez más su cabeza y mirarlo largamente. Aquellas palabras y aquel gesto bastaron para arrebatarle el alma. La siguió hasta que vio dónde vivía. La casa tenía altos muros y una sola puerta de doble hoja; un zaguán y una reja dejaban ver el patio con una alberca, donde un naranjo y un limonero hacían guardia. Las macetas rompían con sus colores la cal de las paredes, geranios y gitanillas. A la izquierda del muro, un ventanuco. Desde ese día comenzó a rondar la calle hasta que una noche ella abrió el postigo. Y fue entonces cuando pudo comprobar que no vivía un sueño, que ella lo amaba y le entregaba su vida. La promesa fue recíproca y comenzaron a hablar sobre cómo podían conseguir por fin estar juntos.

Siendo como era un cristiano, no podía concebir una unión que no fuera sacramentada, le pidió que se convirtiera al cristianismo y ella aceptó. «Solo hay un Dios, y Mahoma es su profeta, como antes lo fue Jesucristo, siendo un solo Dios, no puede haber mancha en el amor, no puede sino llevarnos al paraíso». Con este consentimiento ciego, él lo preparó todo para que en el día señalado pudiera escapar de los muros que la protegían y la aprisionaban, para bautizarse y desposarse consagrando su unión ante Dios y ante los hombres. Pero una vieja aya los había estado espiando y, al corriente del plan, horrorizada por la idea e impulsada por un sentimiento de fidelidad a quienes había servido durante años, avisó a la familia.

Y aunque no lo podían creer, prepararon una emboscada para comprobar que cuanto les había contado aquella aya era cierto. El acto en sí era la mayor ofensa que una joven podía infligir a su familia, no solo la fuga del hogar paterno, sino la apostasía de su fe, una mancha que no podría olvidarse y pesaría por generaciones en el honor de la familia. El desenlace no pudo ser más funesto A punto de cruzar por la Puerta de Almodóvar, fueron rodeados. Una turba de parientes y criados se lanzaron sobre ellos y descargaron toda su ira. Aprisionados y separados, se ensañaron con ella, la golpearon con todas sus fuerzas, ciegos de furia, hasta que exhaló el último aliento. Su mirada quedó clavada en él, que, impotente, inmovilizado, veía cómo la destrozaban, sintiendo en su propia carne, en su misma alma, todo su dolor. El cuerpo inerte, arrastrado, fue llevado al río como un despojo humano y arrojado desde el puente para escarmiento, mientras la turba enardecida jaleaba el espectáculo. El joven hubiera deseado morir en ese mismo instante, el sufrimiento del alma supera con mucho lo que el cuerpo puede sentir, pero no le fue dado ese consuelo.

Hecho prisionero, la guardia lo condujo ante el cadí. Lo acusaron de blasfemar contra el profeta públicamente, un delito penado con la muerte. Se le interrogó, pero no dijo ni una sola palabra. No quería defensa alguna, solo pensaba en la muerte para poder reunirse con su amada en el más allá. De nada sirvieron la tortura y las amenazas. Y decidieron, por fin, conocidas las circunstancias, usarlo de escarmiento para evitar en lo sucesivo la tentación de conversiones por amor. Así que lo mantuvieron encadenado a una de las columnas de la Mezquita, condenado a escuchar día tras día la oración de los imanes y exhibido a la vista de los fieles que acudían. «Creo en la resurrección de los muertos y la vida del mundo futuro», se repetía. Su fe lo alentaba en la esperanza del reencuentro en el más allá y, llevado por su devoción, comenzó con sus uñas a esculpir una cruz en la columna donde estaba atado y que aún podemos contemplar. Era tanto su dolor que la columna se conmovió, o Dios hizo el milagro, hasta tal punto que sus lágrimas entraron en la piedra, que lloró también su pena. Todavía, siglos más tarde, al acercar una llama al rostro del cautivo, este llora de dolor por la pérdida de su amada.

Cuando los musulmanes constataron el sacrilegio, trataron de borrarla, pero no lo consiguieron y, hartos de no poder doblegar su voluntad, lo torturaron, le arrancaron las uñas y la piel a latigazos, lo crucificaron cabeza abajo y, finalmente, atado de pies y manos, aún vivo, lo arrojaron al río.

Dicen que una sonrisa se dibujó en el rostro del joven hortelano, que un resplandor rodeó su cuerpo y que, al tocar las frías aguas del Guadalquivir, se deslizó flotando, arrastrado por la corriente, hasta tocar otro cuerpo que, inexplicablemente, parecía estar esperándolo. Algunos creyeron ver en él a la joven doncella. Y así, juntos, navegaron hacia Sevilla y, desde allí, hasta el mar, para seguir unidos en la eternidad.

* * *

La historia está muy arraigada en la tradición cordobesa; a ello contribuye, sin duda, la leyenda que puede leerse en la misma columna donde se halla la cruz tallada: «Este es el santo Cristo que hizo el cautivo con la uña».

Mucho después, se incorporó la imagen del cautivo encadenado que podemos contemplar protegida por un cristal con unos versos que rezan la historia:

El cautivo con gran fe
en aqueste duro mármol
con la uña señaló
a Cristo crucificado,
siendo esta iglesia mezquita
donde lo martirizaron.

Ya en el siglo XVIII el Cabildo hubo de proteger la columna con una reja para evitar que la imagen del cautivo fuera tocada y, con el tiempo, muy recientemente, no tuvo más remedio que incorporar un cristal para que los curiosos no pudiéramos acercar más llamas al rostro de la talla y comprobar cómo, efectivamente, este seguía llorando. Cuando era niño, ese cristal aún no estaba y era un misterio que fascinaba a los incrédulos. Más de una vez lo comprobamos y cualquiera podía observar el rostro ennegrecido de la figura arrodillada. Dicen que, al restaurarlo, no quisieron limpiar esa pátina negruzca que cubre su rostro, pero hay quien afirma que, aunque lo intentaron, todo fue inútil.

Antes de pensar que su alma está apresada en la piedra, prefiero imaginarlo feliz en el paraíso, junto con su amada, sintiéndose dichoso porque su testimonio de fe permanezca vivo entre los cordobeses.

EL COLMILLO DEL ELEFANTE

En uno de los lucernarios de la ampliación de Almanzor podía observarse colgado hasta hace poco el colmillo de un elefante. Su origen es un misterio, aunque probablemente fuera un regalo o un recuerdo de no sabemos qué rey de los que hicieron de Córdoba su morada después de la Reconquista. Nunca existieron elefantes en estos parajes, pero sí hubo un momento en nuestra historia en que posiblemente fueran utilizados como armas de ataque en un fabuloso ejército que luchaba contra Roma.

En el año 238, Amílcar Barca desembarcó en Cádiz y, desde allí, atravesó Andalucía camino del Mediterráneo. Subieron por el río, que entonces era navegable, hasta Córdoba. A su izquierda, se levantaban imponentes las murallas de la ciudad sobre una colina, en su antiguo emplazamiento. Su gran baza, como estrategia bélica, consistía en la conquista rápida de las ciudades por las que atravesaba su ejército para asegurarse el dominio frente a Roma y la fidelidad de sus habitantes. Utilizó para ello una estratagema espectacular: incorporó a los elefantes como una terrible arma de ataque, los cuales, por su tamaño y su peso, bien adiestrados, resultarían devastadores. Todos tenemos en la retina la hazaña de Aníbal al atravesar los Alpes para sitiar la ciudad eterna, una imagen ampliamente representada en la iconografía a lo largo de los siglos. La mera presencia de estos animales feroces y desconocidos en Europa bastaba para aterrorizar a sus enemigos.[99]

Córdoba era, entonces, una ciudad comercial, bien amurallada, habitada por turdetanos que negociaban con los minerales de la sierra y algunos productos agrícolas, como el vino o el aceite. Estaba situada en un promontorio al este de la ciudad actual, donde hoy se encuentra el Parque Cruz Conde, en el espacio que ocupa el Hospital Provincial, en las inmediaciones del teatro de la Axerquía.

Aníbal cruzando los Alpes (John Leech, *ca.* 1850).

99 Hay quien dice que fueron los cartagineses los que dieron nombre a nuestra ciudad. La palabra *korduba* podría deberse a la contracción del nombre Kart Juba, en honor al general cartaginés Juba, que combatió y murió cerca de la ciudad.

Los elefantes no solo se utilizaban como ariete en el combate: bien equipados con su armadura y sus punzantes armas metálicas atadas a la trompa y los colmillos, así como con sus brazaletes de hierro en las patas para evitar las heridas, sembraban el terror entre las filas enemigas impotentes ante su majestuosidad. Pero también eran animales de carga útiles en la preparación del combate en las ciudades sitiadas; se empleaban para transportar las máquinas de guerra y los pertrechos necesarios para usarlas. Es fácil imaginar que, ante una ciudad fortaleza como era Córdoba, el sitio fuera duro y la batalla resultara larga. A la marcha realizada se sumó el esfuerzo denodado para proveer de bolaños las catapultas, los cuales derribarían como naipes las casas de adobe de la primitiva ciudad. Al menos uno de aquellos elefantes cayó rendido y exhaló su último aliento junto a la catapulta a la que alimentaba. Cesó el combate y allí, en el campo, olvidado, quedó el cadáver del paquidermo.

Pasaron los años, las décadas, los siglos. Los cartagineses fueron derrotados allá por el año 236 a. C., pero la batalla fue tan dura y sangrienta que la ciudad quedó destruida hasta los cimientos. Marco Claudio Marcelo, entonces, decidió fundar una ciudad de nueva planta, el origen de la actual, siguiendo los criterios urbanísticos romanos. Los turdetanos fueron poco a poco abandonando el antiguo emplazamiento en ruinas, atraídos por la resplandeciente urbanización y orden que ofrecía la nueva Córdoba. Y así, pronto solo quedaron los escombros, y la tierra y el polvo fueron cubriendo los restos hasta desaparecer todo vestigio de lo que fuera un orgullo para los habitantes turdetanos y caer en el olvido. Aquel promontorio elevado, rodeado de murallas, solo sirvió de cantera a la nueva ciudad hasta no quedar rastro alguno.

Hasta aquí, los datos históricos. Poco sabemos del origen del famoso colmillo de elefante que hasta hace no mucho podíamos ver colgado en uno de los pequeños lucernarios de la Mezquita. Pero María Mora, aquella prodigiosa mujer que nos acompañó en la infancia, nos contaba cómo un labrador estaba muy preocupado porque sus tierras no daban fruto a pesar de cultivarlas con todo el cuidado posible, hasta que cierto día, arando, arrastró un extraño hueso: era enorme, afilado, algo que nunca había visto, y tampoco podía imaginar al animal del que procedía. Lo sacó de la tierra, lo limpió y dio noticia a las autoridades. El hallazgo fue motivo de discusión, se debatió sobre qué podía ser aquello, y es que, aunque se tenía noticia de la existencia de estos fabulosos animales en África, nunca antes se había visto nada parecido por estas tierras. Hubo quien asoció el campo yermo del buen hombre a una maldición diabólica de la que el hueso era un talismán. Eran tiempos de supersticiones, donde lo natural y lo sobrenatural se entremezclaban en historias y leyendas. El obispo decidió, entonces, depositarlo en suelo sagrado para evitar que el poder del maligno se extendiera. Y como sabían que la curiosidad llevaría a los cordobeses a tocar el amuleto, ordenó colgarlo bien alto, dentro de la Catedral, fuera del alcance de los curiosos y supersticiosos.

Hoy, aquella historia cobra un sentido especial, aunque María no conociera ni el nombre del labrador ni el del obispo, ni tampoco el año o la época en que esto pudo suceder. Pero muy recientemente, en 2020, fue hallado, en el lugar donde probablemente se produjera la batalla, los restos de un elefante del que solo se logró recuperar un hueso de grandes dimensiones que resultó ser un carpal y, junto a él, 17 bolaños, las piedras utilizadas como proyectiles para las catapultas. Se estaban haciendo obras en el Hospital Provincial, en la parte alta de la loma, a la izquierda del Parque Cruz Conde, y en la excavación se produjo el hallazgo que quizás mueva a reescribir la historia de la Córdoba prerromana con la película de Aníbal Barca sitiando y conquistando la ciudad con sus elefantes camino del Mediterráneo. ¿Es posible que ese colmillo sea el testimonio de la participación de la ciudad en la Primera Guerra Púnica? Quizás nunca lo sepamos, quizás sea un regalo o un recuerdo del que no queda testimonio y la imaginación popular compusiera la leyenda, pero es una bella historia que no me he resistido a contar.

Lo cierto es que el colmillo de elefante llevaba siglos en su emplazamiento y, aunque se encontraba ubicado en un lucernario dentro de la ampliación de Almanzor, este no existía en esa época, por lo que su colocación debió realizarse en época cristiana. Tomás Moreno, capellán de la Catedral, ya lo menciona y describe en un manuscrito de 1735. Medía un metro cuarenta y siete centímetros.[100] En otro testimonio de 1845, se decía:

> De la bóveda de esta nave pende un gran colmillo de elefante, cuya colocación allí cree el vulgo que encierra algún misterio; mas, hallándose otros iguales en varios templos, hemos de decir, o que es símbolo de fortaleza, o testimonio de alguna donación, con cuyo objeto tenemos entendido había uno en la Catedral de York en Inglaterra, o que nada significa.[101]

También es cierto que existen otros colmillos en otras catedrales. En la de Sevilla, por ejemplo, hay uno que sí está acreditado como regalo del sultán de Egipto para Alfonso X el Sabio, cuando le pidió en matrimonio a su hija Berenguela (1260). El rey se quedó con el colmillo, pero no le concedió la mano de su hija.

¿Es posible que sea el voto de algún cristiano? No está acreditado. Entretanto, seguiremos soñando. Es una lástima que, en una de las últimas reformas, donde sí instalaron lámparas para la iluminación del templo colgadas de largas cadenas desde los lucernarios, desapareciera el colmillo sin que me haya sido posible saber dónde se encuentra actualmente. Algún día se borrará de la memoria colectiva, pero bien valía este recuerdo de la infancia. De todas formas, la iluminación de la Mezquita-Catedral desde siempre fue toda una hazaña para la que no se escatimaron esfuerzos ni proezas, como cuando se trajeron, en triunfo, las campanas de la Catedral

---

100 Véase Salcedo Hierro, Miguel (2000). *La Mezquita, Catedral de Córdoba.* Córdoba: Cajasur.

101 Madoz, Pascual (1845). *Diccionario geográfico-estadístico-histórico de España y sus posesiones de ultramar,* citado en *Notas cordobesas* (blog).

de Santiago de Compostela hasta Córdoba para usarlas como lámparas. Os cuento cómo sucedieron los hechos.

LAS CAMPANAS DE SANTIAGO DE COMPOSTELA EN LA MEZQUITA-CATEDRAL

Almanzor fue el último gran caudillo musulmán del califato de Córdoba. Su vida y su romance con la viuda del califa Al-Haken II, Subh, que ostentó el cargo de madre regente durante la minoría de edad de hijo, Hisham II, permitieron que, gracias a sus intrigas palaciegas, tuviera un fulgurante ascenso en la corte. Detentó un poder que llegó a ser absoluto, a pesar de no ser el califa. La historia ha sido motivo de numerosas leyendas que han inflamado, como es normal, la imaginación de muchos novelistas.

La forma de guerrear de este adalid era terrible, rápida y sanguinaria. No perdió ni una sola batalla. Entre los años 977 y 1002 se le contabilizan hasta 56 campañas militares contra los reinos cristianos. Las razias eran aterradoras, se organizaban en los meses de primavera-verano y llegaron a todo el territorio de la península, desde Barcelona hasta Santiago de Compostela, doblegando sin piedad a quienes le oponían resistencia, fuera cristiano o musulmán. La venta de esclavos apresados en las campañas era una forma habitual de financiar los reinos en la época. Se dice, a modo de ejemplo, que, tras la campaña de Barcelona en julio del año 985, regresó triunfante a Córdoba con 70.000 prisioneros cristianos encadenados. Llegó a ordenar la decapitación de su propio hijo mayor, Abd Allah, con solo veintitrés años, por liderar una rebelión contra él. Las crónicas cuentan que, tras cada campaña, mandaba guardar el polvo de su capa en una caja, para que el contenido fuera depositado en su ataúd el día de su muerte como testimonio de su lucha incesante por el islam ante los ojos de Alá.

También le debemos tres sucesos importantísimos para el monumento y para la ciudad: Almanzor realizó la última gran ampliación de la Mezquita hacia el este[102]; también construyó una ciudad palaciega que rivalizaba con Medina Azahara, a la que llamó Medina Zahira, la ciudad de la luz, cuyas ruinas, aunque el lugar se citaba en los anales históricos, no fueron halladas hasta muy recientemente, con motivo de las obras realizadas para la línea del AVE a su paso por la ciudad, y, por último, ordenó quemar la biblioteca del califa para congraciarse con los ulemas malakies que lo apoyaban en el poder, una pérdida irremediable que rivaliza con la desaparición de la de Alejandría. La gran biblioteca de Córdoba, iniciada por Abderramán III y consolidada y ampliada por su hijo, Al Haken II, se dice que llegó a poseer 400.000 ejemplares; una cifra sin duda exagerada, pero que, en cualquier caso, constituyó el foco de conocimiento y sabiduría más importante de Occidente en aquel tiempo. Sin embargo, en el año 979 fue pasto de las llamas. Los carros cargados de manuscritos, papiros, pergaminos y libros fueron trasladados a una isleta del Guadalquivir, frente al puente, para ser quemados. Durante tres días seguidos, ininterrumpidamente, ardió la hoguera, alimentada por un tesoro que nunca podremos recuperar.

No contento con esto, en la razia llevada a cabo el 2 de julio del año 997, cuando entró en Santiago de Compostela, hizo desmontar las puertas y las campanas de la basílica para traerlas a Córdoba, como muestra de su triunfo, transportadas por cautivos cristianos apresados en la campaña.[103] Las puertas, desmanteladas, sirvieron para la techumbre, y las campanas, invertidas, se transformaron en lámparas para iluminar el templo. El episodio ha sido motivo de leyendas y novelas, algunas muy recientes.[104] Una de ellas,

---

102 En las obras del Hotel Eurostar Conquistador, en la calle Magistral González Francés, justo enfrente de la muralla este del monumento, se descubrieron los restos de los baños árabes de Almanzor. Los vestigios quedaron expuestos gracias al suelo de metracrilato en el salón comedor del hotel, que puede visitarse si tenéis tiempo.

103 Burckhaart, Titus (1979), *op. cit.*, pág. 18.

104 Véase a modo de ejemplo San Sebastián, Isabel (2020). *Las campanas de Santiago.* Barcelona: Plaza y Janés.

la más repetida por lo extraño del suceso, es la que relata cómo el caudillo musulmán, después de asolar la ciudad y la Catedral de Santiago de Compostela, respetó el sepulcro del apóstol. He leído que, al llegar a él, cayó un rayo y, asustado, lo tomó como una señal de que no debía profanarlo. Pero la más extendida nos habla del encuentro con un sacerdote o un ermitaño sentado sobre la tumba.

En una de las novelas más interesantes sobre el periodo, *El mozárabe*, el autor utiliza la anécdota para incluirla en el relato a través de sus personajes. El ermitaño, en este caso, sería un obispo mozárabe de Córdoba bien conocido y respetado de Almanzor, Asbag, que se hallaba en peregrinación a Santiago de Compostela. Cuando llega, es el momento previo a la conquista y todos los habitantes huyen despavoridos ante la llegada de las tropas musulmanas. Después, cuando ya todo está destruido, se acerca hasta la tumba del apóstol. Esta es la escena que narra la novela:

> Cuando llegó frente a las ruinas de la basílica, el sol apareció un momento, tímidamente, haciendo brillar los escombros mojados [...]. Apoyándose en su bastón, el mozárabe anduvo con pasos renqueantes, sorteando las piedras, las vigas calcinadas y los montones de carbón y cenizas. Finalmente, llegó ante la cripta. Solo quedaba en pie un semicírculo de piedras ennegrecidas de lo que fue el ábside del templo. Sacó fuerzas de donde pudo y apartó varios maderos humeantes de delante de la entrada. El sepulcro estaba intacto. Se arrodilló junto a él.
>
> En torno al mediodía, oyó el rumor de voces y pasos que hacían crujir los escombros. Se volvió hacia la puerta. Apareció una silueta a contraluz. No sintió temor alguno al ver a un gran guerrero revestido de armadura y con la espada en la mano. Era Abuámir.
>
> Asbag alzó la cabeza hacia él y se echó hacia atrás la capucha que le cubría.
>
> —¿Qué haces tú aquí? —le preguntó Abuámir.
>
> —Estoy orando a Shant Yaqub —respondió el mozárabe.
>
> —¿Qué le pides?
>
> —Que ablande tu espíritu y respetes esta tumba santa.

Abuámir sonrió, de buen grado, como sorprendido por aquella respuesta ingenua. Dijo:

—Reza todo lo que quieras.

Dicho esto, salió de la cripta y dio órdenes a sus generales de que se respetara el sepulcro y se montara guardia ante él, sin que nadie molestara al anciano orante.

Asbag alzó los ojos al cielo y comenzó a musitar el himno del Apocalipsis: «Gracias te damos, Señor Dios Ominipotente [...]».[105]

El resto es historia.[106] Almanzor murió en 1002 en su retiro de Medinaceli tras la batalla de Calatañazor. Su cadáver fue trasladado a Córdoba y enterrado después, depositando sobre él el polvo de su capa y un ejemplar del Corán. Pero no nos puede sorprender el uso que se hizo de las campanas ni el hecho de que fueran trasladadas a la *alhama.* La iluminación de la Mezquita debió ser algo prodigioso en su momento. Por las puertas, las ventanas con celosías de mármol en los costados y los lucernarios de los cimborrios cubiertos con cúpulas de Al Hakan II entraba continuamente la luz, pero en la penumbra del atardecer se necesitaba la iluminación artificial. Y esto debía ser motivo de preocupación y de atención constante, por lo que no es de extrañar que a la ostentación de un triunfo tan señalado como la conquista y destrucción de Santiago de Compostela se uniera el sentido práctico en una obra tan ambiciosa como la ampliación llevada a cabo en la Mezquita. Para hacernos una idea, Serafín Linares[107] nos ofrece los siguientes datos:

En total, había, entre pequeñas y grandes, doscientas ochenta arañas, siete mil cuatrocientas veinticinco lampari-

105 Sánchez Adalid, Jesús (2001). *El mozárabe.* Barcelona: Ediciones B. S. A. Pág. 639.

106 El episodio también es narrado por Simonet, Francisco Javier (1858). «Las campanas de Santiago en Córdoba», en *Leyendas históricas árabes.* Madrid: Imprenta y litografía de D. Juan José Martínez.

107 Linares Roldán, Serafín (2002). *Almanzor.* Córdoba: S. E. Pág. 106.

llas y el peso de los velones de plomo era de aproximadamente diez arrobas[108]. El algodón que se usaba para las mechas en el mes del Ramadán pesaba alrededor de tres cuartos de quintal[109]. Se consumían anualmente una cantidad aproximada de quinientas arrobas de aceite, de las que la mitad ardían solamente en el noveno mes del año lunar dedicado al ayuno. Esto exigía tres quintales de algodón deshilachado para dar cuerpo a la cera. El gran cirio que ardía en la *maqsura* y que

Traslado de un cadáver por el ejército musulmán (Apeles Mestres, 1884).

108 El peso aproximado de una arroba es de 11,300 kg.

109 1 quintal equivale aproximadamente a 100 kg.

se ponía al lado del imán pesaba sesenta libras aproximadamente, una parte del cual se consumía durante el mes sagrado y el resto en la noche del día.

El número de personas que diariamente estaban al servicio de la Mezquita aljama era de ciento sesenta personas entre imanes, intendentes, almuédanos, faroleros, limpiadores, etc.

El viaje de las campanas, al final, lo fue de ida y vuelta. Cuando Fernando III el Santo conquistó Córdoba en 1236, ordenó que las campanas fueran devueltas a Santiago de Compostela, transportadas, esta vez, por esclavos musulmanes. Así se cerró el círculo de esta anécdota histórica.

EL BUEY REVENTADO

Detengámonos ahora un momento ante el Altar Mayor de la Catedral. En los laterales podréis observar dos púlpitos elevados a derecha e izquierda. En el de la derecha aparece un buey con la boca abierta; por el gesto parece que estuviera lanzando un último mugido, mientras se desparraman sus vísceras como si estuviera reventado. Un águila negra se posa sobre él dispuesta a darse un banquete con sus restos. La imagen dio vuelo a la imaginación popular, fraguando su propia leyenda. Debieron de ser muchos los animales utilizados para transportar las columnas hasta la Mezquita. Entre ellos, se cuenta, destacó uno por su fuerza y constancia, también por el tiempo que estuvo transportando las pesadas columnas. Sucedió que, al llevar ya la última y depositarla, cayó reventado en suelo, exhausto, y murió. Consternados por el suceso, decidieron dedicarle esa escultura en mármol blanco. Aunque esta leyenda infantil impresiona a los niños, también demuestra una falta de conocimiento histórico y litúrgico. Las obras de la Catedral, dentro de la Mezquita, se iniciaron en el siglo XVI, y entonces hubo que retirar hileras de columnas para ubicar el coro y el Altar Mayor detrás de la Capilla Real. En todo caso, pues, el buey pudo caer reventado de retirar las columnas, no de llevarlas. Pero, en el imaginario popular, eso de quién hizo qué en el monumento se confunde y carece de importancia.

Por eso quizás esta otra leyenda esté más cercana a los hechos históricos:

> Un labrador que vivía cerca de Córdoba tenía una gran yunta de bueyes. Le fue dado el encargo de traer las piedras necesarias para levantar el coro y el crucero para labrar el Altar Mayor. El trayecto hasta la cantera era largo y sinuoso, desde Cabra a Córdoba había más de cien kilómetros ida y vuelta, a veces, por caminos sinuosos y embarrados.
>
> Día a día, mes a mes, fue acarreando en sus carretas las piedras que le solicitaban. El trabajo exigido a sus bueyes era extenuante, tanto que, en el último viaje que hizo, tardó casi un mes en ir y volver. Cuando llegó a Córdoba, uno de los bueyes cayó enfermo; inmóvil sobre la paja del establo, el animal miraba a su dueño como despidiéndose de él. Nada se pudo hacer para remediar su muerte; a decir del veterinario, el pobre buey estaba reventado.
>
> A la mañana siguiente murió el animal y, cuando lo abrieron, sus intestinos negros se derramaron sobre la paja del establo. El labrador, consternado, pidió a los canteros de la Catedral que, cuando labraran el mármol que sus bueyes habían traído, se acordaran del buen buey que había muerto, el mejor, el más fuerte, el más fiel. Y en su memoria, lo esculpieron al pie del púlpito exhalando su último mugido mientras un águila carroñera aguardaba con sus alas desplegadas para comer, como si fuera un buitre.

* * *

La imaginación popular es muy prolija, capaz de inventar historias cuando desconoce el significado de los símbolos que las imágenes transmiten. En realidad, este animal no es sino una representación icónica del Evangelio. En una época en la que no se sabía leer ni escribir, los símbolos y las imágenes adquirían un importante valor en la transmisión de significados litúrgicos. El animal no es un buey, sino un toro; tampoco el águila es un animal carroñero que espera darse un festín, simplemente está haciendo compañía. Si observamos los dos púlpitos, veremos en el de la derecha, mirando de frente, el toro y el águila, y en el de la izquierda, un león y un ángel. Estas esculturas representan a los cuatro evangelistas por sus símbolos característicos: san Lucas (toro), san Juan (águila), san Marcos (león) y san Mateo (ángel). Las supuestas vísceras esparcidas quieren representar, en realidad, las nubes que simbolizan el estado de gracia en el cielo de los cuatro santos. Los púlpitos son los lugares desde donde se lee y predica el Evangelio, ¡qué mejor custodia para la palabra de Dios que los cuatro apóstoles sosteniendo al predicador! Sucede que estos significados, por no ser explicados, van poco a poco perdiéndose en la nebulosa del tiempo y deja espacio a la imaginación popular para soñar historias peregrinas y maravillosas.

Algún día le contaré todo esto a los niños que me acompañen, cuando sean adultos. Entretanto, seguiré haciéndoles soñar con el heroico buey que trasladó las columnas hasta quedar exhausto y reventado.

LAS GOLONDRINAS EN LA CATEDRAL

Las golondrinas siempre han estado rondando la torre y la techumbre de la Mezquita-Catedral, forman parte del paisaje del barrio y la ribera. Y como eran aves protegidas por la religión, la tradición y la superstición, se multiplicaban sin cesar. Estos inquietos pájaros fueron los que arrancaron las espinas a Jesús, por eso son sagrados, y llevan hasta el cielo nuestras oraciones. Yo creía que era una suerte de superstición local, pero no, curiosamente me la encontré así relatada en una novela de Miguel Delibes. Era un espectáculo verlas volar, zigzaguear en el cielo, caer en picado para quebrar en el último instante antes de chocar con cualquier pared. De niño me podía pasar horas contemplándolas desde aquella azotea en la calle Deanes. Hoy han abierto algunas de esas azoteas en la calle Romero y en Deanes para restauración. Si subís a la de Casa Pepe, tendréis las mismas vistas que yo de niño.

La penumbra del bosque de columnas de la Mezquita-Catedral, la altura de sus techos o la ventilación bien estudiada, sumadas a la presencia permanente del agua en el Patio de los Naranjos y, sobre todo, la proximidad del río, con sus isletas y su vegetación, proporcionan una sensación de agradable frescor en una ciudad donde el calor puede azotar como una auténtica plaga bíblica.

De ahí que, a lo largo de los siglos, el monumento haya servido de refugio a las aves, lo que ha causado no pocos

Golondrinas (R. Hoffmann y E. T. Seton, 1901).

problemas. Es lo que sucedió en el siglo XIV con las ruidosas golondrinas. Eran tantas y producían tanto ruido que llegaron a impedir que se celebraran los oficios y hubo que ponerle remedio. Y para ello, nada mejor que la intercesión divina. Pero os dejo con el pasaje para que lo disfrutéis:

> En el año 1369, siendo obispo de Córdoba don Andrés Pérez Monsalve y deán de la Santa Iglesia don Diego Martínez, eran tantas las golondrinas que al templo acudían de dicha iglesia que, siendo su longitud de 206 varas y la latitud de 150 con 19 naves, el ruido que hacían con su canto impedía que se celebrasen los divinos oficios. Indignados los canónigos contra estas simples avecillas porque todos los medios de que se habían valido para el logro del silencio y aseo de la iglesia no surtían efecto, acordaron el conjurarlas y para ello consultaron al obispo y con su beneplácito se ejecutó el acto, y fue visto que acabado el conjuro no quedó en la iglesia y en el recinto ni una golondrina, ni se han visto aún, obedeciendo estos animalillos los mandatos de la iglesia, temerosos de las armas de que se vale. Hoy se podría practicar la misma diligencia para los gorriones y murciélagos.[110]

El texto se escribió en la segunda mitad del siglo XVI, y parece que el problema persistió, aunque con diferentes actores; quizás los gorriones y los murciélagos no hacían tanto ruido. Pero es cierto que la población de aves en la techumbre de la Mezquita-Catedral puede constituir un riesgo serio.

En los años 90 del siglo pasado, se llevó a cabo la restauración de las techumbres del monumento. Como podréis observar desde la torre, los tejados se organizan en cubiertas a dos aguas que dejan un espacio hueco que fácilmente usan las aves como refugio. En esa época, tuve ocasión de subir hasta allí y ver, en primera persona, las dificultades de la empresa a la que había sido encargada la restauración. El problema no era menor: a lo largo de los siglos se había acumulado tanta palomina, excrementos de las palomas, que

110 AA. VV. (2002), *op. cit.*, tomo I, pág. 270.

su peso amenazaba con quebrar la techumbre. Y a ello se agregaba otro inconveniente: cómo lograr sacar todo aquello de allí sin que cedieran los suelos. Finalmente, el dilema se resolvió, aunque no sabría deciros cómo. Lo que sí sé es que se protegieron las posibles entradas y se tomaron medidas para impedir la invasión de las palomas como en tantas otras catedrales europeas. Esta vez no hubo conjuro ni rogativas, pero esperemos que el remedio sea igualmente eficaz.

LA PARALIZACIÓN DE LAS OBRAS

Una vez conquistada Córdoba por Fernando III el Santo en 1236, se consagraron, como era habitual, las mezquitas existentes. Ya en el siglo XVI fue nombrado obispo de la ciudad un gran noble, don Alonso Manrique, hijo del gran comendador de la Orden de Santiago. Uno de los grandes sueños del nuevo obispo, en aras de sacralizar la antigua Mezquita, fue alzar una magna catedral en su emplazamiento, y la idea pareció en principio bien acogida. Se lograron los permisos; se realizaron los presupuestos y la provisión de fondos, y se iniciaron las obras. Con una orientación este-oeste, se trataba de integrar la nueva catedral cristiana derribando una buena parte del espacio central del templo musulmán para hacer una entrada grandiosa en la fachada oeste.

Fruto de estas obras son el Altar Mayor y el coro, una maravilla que se ha conservado hasta hoy, no libre de controversia desde su inicio, porque el proyecto no dejó de tener detractores desde el primer momento. Cuenta una crónica antigua que las obras se paralizaron a instancias de una mujer enamorada de un musulmán, una de las leyendas o historias que se nos han conservado y que, por la acumulación de nombres y fechas, puede resultarnos verosímil.

> Doña Carmen Alcántara era una mujer joven y hermosa, hija del corregidor de la ciudad, don Pedro Alcántara de Arce. Un día, trabó conocimiento con un joven misterioso

que acudía cada día a la Mezquita y permanecía semioculto en un rincón entre la penumbra de las columnas. Tenía la tez algo oscura, pero el cabello pelirrojo; vestía con sobriedad, traje oscuro, sencillo, pero destacaba la capa larga asociada a la nobleza. La dama, por su parte, llamaba la atención por su belleza y su prestancia. La saya oscura, simple, ocultaba unos chapines que estilizaban su figura, un collar de perlas era su único adorno en el pecho, pero bajo la mantilla brillaba el cabello rubio, trenzado, recogido y adornado con una tenue cinta de color verde. Pronto se dio la ocasión de trabar conversación, los chapines obligaban a caminar lentamente y el pavimento irregular del Patio de los Naranjos requería de ayuda para mantener el equilibrio. Fuera casualidad, necesidad o un ardid apropiado a la ocasión, sufrió un resbalón y el tobillo dolorido fue la oportunidad para que Addalis acudiera en su auxilio y le ofreciese su brazo para continuar, mientras la dama de compañía, discreta, se mantenía a cierta distancia. Fue así como trabaron conversación y surgió un sentimiento que, desde ese día, ninguno pudo contener, a pesar de que sus religiones y su posición social hacían impensable cualquier relación.

Desde entonces no perdieron ocasión para poder reunirse y hablar. Así pudo doña Carmen conocer la historia de su enamorado. Era hijo de un rey musulmán en África descendiente directo de los omeyas que habían llevado Córdoba a lo más alto. Entre ellos siempre se lamentó la pérdida de Al Ándalus, pero, en especial, la pérdida de la Mezquita, la joya del islam, para caer en manos de los cristianos. Toda su vida procuró ser un hijo digno de su linaje y del amor de su padre. Este, en su lecho de muerte, ya con los ojos mortecinos, le hizo el siguiente ruego:

—Voy a morir. Al separarnos para siempre, te encargo que atravieses África y, llegando a la margen septentrional del Guadalquivir, entres en la *alhama* y beses el polvo santo de su pavimento, y jures a Dios que antes pasarán por tu cadáver que permitir la demolición de sus sagrados muros.

Cuál no sería su sorpresa cuando, al llegar a Córdoba, Addalis fue informado del proyecto de derribar la Mezquita para construir una catedral en su lugar, y cómo en el proyecto estaba previsto remodelar la fachada sur. Nada podía hacer, salvo esperar el momento en que el mihrab fuera destruido para poner fin a su vida, haciendo honor a la promesa hecha a su padre en el lecho de muerte. Carmen sintió que se le partía el corazón viendo la determinación del joven, que, cuando lo decía, la miraba directamente a los ojos sin pestañear.

La joven trató de alejar ese pensamiento de su mente y le dio esperanzas. Su padre era el corregidor, y no todos estaban de acuerdo con el levantamiento de la nueva catedral. Estaba segura de que, si ella se lo pedía, haría todo lo posible por paralizar esas obras. Y así lo hizo don Pedro Alcántara a instancias de su hija, y para ello adujo razones de historia y arte, calificando como blasfemia las pretensiones del Cabildo. Los ruegos y lágrimas de su hija surtieron efecto, de modo que el corregidor movilizó toda su influencia y sus contactos para lograr que las obras se detuvieran en tanto no hubiera una Orden Real que autorizara expresamente su continuidad. De esta forma ganaría tiempo para conseguir más seguidores a su causa y llevar la solicitud ante el emperador.

En 1523 fray Juan Álvarez y Alva de Toledo había sustituido como obispo de Córdoba a don Alonso Manrique, trasladado a la sede de Sevilla, pero decidió continuar con el proyecto de demolición, ya encargado al gran arquitecto Hernán Ruiz I. El Ayuntamiento, siempre a instancias de su procurador, decidió actuar y requirió al Cabildo la paralización de las obras, haciéndolo ante un escribano público, don Antonio de Toro. Esto no sentó bien en el Obispado, que vio cuestionada su autoridad sobre el monumento. Hizo oídos sordos y continuó con las obras. La respuesta del Ayuntamiento fue fulminante y publicó un bando municipal pregonado a los cuatro vientos en el que se amenazaba con pena de muerte a los «albañiles, canteros, carpinteros y peones de cualquier clase que intervinieran de alguna forma en la demolición». El bando funcionó, pero la cuestión no se detuvo ahí.

Las relaciones del obispo con la Santa Inquisición solían ser tensas en la disputa por la autoridad eclesiástica, especialmente en cuestiones de protocolo. Y el poder del Santo Oficio podía ser muy peligroso. A principios de siglo, ya vimos que el inquisidor don Diego Rodríguez Lucero encausó y condenó por judaizantes a cientos de ciudadanos, y no dudó en llevar ante el Santo Tribunal a miembros de los Consejos, del Cabildo, así como a representantes de la nobleza o a los mismos familiares del obispo de Granada, encarcelados en 1505.[111]

En estas circunstancias, enfrentado al obispo, el corregidor sabía que debía contar con el apoyo del inquisidor y ya planeaba reunirse con él cuando el aya de doña Carmen, temiendo el resultado de la entrevista, se sinceró con él. Había rumores de que era pretendida por un cortesano de Carlos I, cuya visita se anunciaba en Córdoba, un tal Nuño Núñez, pero se trataba de un rumor al que él prestaba poca atención viendo la frialdad con que era tratado por su hija. Fue el aya quien primero le confirmó sus sospechas y, luego, le reveló la realidad: doña Carmen se estaba viendo en secreto con un musulmán venido de África. El golpe fue doble: primero, por la traición a su confianza, y segundo, por el riesgo que corrían su cargo, su reputación y su vida si llegaba a oídos de sus enemigos, tanto más si se enteraba el inquisidor mayor. A pesar de todo, su hija logró explicarse ante él para darle a conocer de primera mano el origen de su enamorado, su nobleza, su vinculación con Córdoba y sus intenciones honestas hacia ella.

Nada podía hacerse mientras él se mantuviera en la fe del islam, y tampoco se podía poner en riesgo la reputación de su hija ni de su casa. Don Pedro quiso disuadir a doña Carmen para que abandonara toda esperanza, pero ella encontró otra solución: se metería en un convento. Si el amor de Addalis era tan firme como el suyo, se convertiría al cristianismo y después pedirían permiso para desposarse. Si las obras continuaban y el mihrab era destruido, si Addalis se suicidaba en cumplimiento de la promesa dada a su padre, ella misma se quitaría la vida.

111 El enfrentamiento tenía tintes políticos y el episodio coincide con las fechas próximas a la muerte de Isabel II y su sucesión. El tema está muy bien tratado por Álvaro Fernández de Córdoba en su artículo «Los procesos de Córdoba y la pugna inquisitorial entre Felipe el Hermoso y Fernando el Católico. Las negociaciones romanas (1505-1506)», en *Sefarad*, 81(1), págs. 107-140.

Tal determinación hizo reflexionar al padre: debía mantener la paralización de las obras, pero, a la vez, ganarse la confianza del obispo. Un día, después de los Santos Oficios, se decidió a pedir audiencia privada. Fijada la fecha, llegó a la sala y le rogó ser oído en confesión, algo a lo que no podía negarse. Allí vació su alma, su sufrimiento y sus miedos, cómo su hija le había rogado por la paralización de las obras. Le habló de Addalis, de su origen y su amor, y de sus nobles intenciones y su promesa. Confesó cómo su hija había ingresado en un convento con la determinación de no salir si no era muerta o desposada con su enamorado.

La situación no era fácil. Por una parte, con la amenaza del Consistorio y sin una Orden Real, las obras seguirían paralizadas. Por otra parte, el obispo comprendía la preocupación del corregidor y las posibles consecuencias si llegaba a oídos del inquisidor mayor. Sin embargo, la historia podía enfocarse de forma favorable a los intereses de la Iglesia si era cierto que un caballero tan noble, hijo de un rey y musulmán, aceptaba convertirse al cristianismo.

Para comprobar la firmeza de las convicciones de Addalis, convinieron en una reunión. El relato de doña Carmen se corroboró: el joven era hijo del rey Muhamat ben Arut, descendiente de los omeyas. Este habló de la promesa a su padre y su amor por doña Carmen; un amor tan grande que había determinado saltarse el juramento familiar y casarse con ella. Y aunque nada podía quedar cerrado, el obispo tomó a su cargo la formación del joven para prepararlo para el bautismo, lo que, dado su rango y su procedencia, supondría un gran acontecimiento en la ciudad, como toda conversión pública.

Y así se hizo. La catequesis de Addalis duró más de dos años, pero finalmente, el 10 de abril de 1526, en la capilla de Villaviciosa, fue bautizado por el obispo, fray Juan de Toledo, y en aquella ceremonia celebrada con toda solemnidad don Pedro de Alcántara actuó como padrino del recién convertido. La ciudad entera, informada de la historia y el personaje, acudió en masa a presenciar el acto, que se convirtió en una auténtica fiesta.

El tiempo, cuenta la crónica, acaba por poner todo en su lugar. Así, a los pocos días del bautismo, el empe-

Capilla de Villaviciosa (John Frederick, 1836).

rador Carlos V visitó Córdoba camino de Portugal. Iba a reunirse con su futura esposa, doña Isabel. Informado de toda la historia, tomó dos decisiones: la primera, paralizar las obras, terminar lo iniciado y mantener el muro del mihrab para evitar un mayor deterioro de una obra de arte irrepetible. La segunda, autorizar el casamiento entre los dos enamorados que, con su amor, habían logrado salvaguardar el monumento. Es sabido que el emperador quedó impresionado por la grandeza de la Mezquita, de ahí la célebre frase que se le atribuye en esos instantes: «Si yo tuviera noticia de lo que hacíais non lo hubierais hecho, porque lo que queréis labrar hallase en muchas partes, pero lo que aquí teníais no lo había en el mundo».

Al día siguiente se celebró la boda en la Catedral entre el árabe converso Addalis Ben Arut y doña Carmen Alcántara de Arce, a la que asistió un padre orgulloso y toda la nobleza de Córdoba en presencia de Carlos V. Un final feliz en una historia apasionada.

FRANCO Y LA MEZQUITA DE CÓRDOBA

La edificación de una catedral cristiana en el corazón de la Mezquita siempre tuvo sus detractores, tal y como hemos visto en la historia anterior. Sin irnos tan lejos, y a modo de ejemplo, en 1977, Titus Burckhadt, un reputado crítico de arte e historiador suizo, comentaba que, para visitar la Mezquita,

> [...] ante todo, hay que prescindir mentalmente del oscuro edificio de la iglesia que —en una época situada entre el gótico tardío y el barroco— fue plantada dentro del claro bosque de pilares y arcos como una enorme araña en medio de su tela. Si hago esta comparación, no exagero en absoluto, encontrando inaceptable y carente de sentido aquel cuerpo extraño en el corazón mismo del magnífico edificio [...].[112]

112 Burckhadt, Titus (1977), *op. cit.*

La fecha de publicación de su obra es significativa, dado que coincide con la polémica suscitada en torno al proyecto de extraer la Catedral de la Mezquita para devolverla a su estado original, discusión que llegó a tener tanto impacto en el ámbito social y académico que suscitó acaloradas discusiones entre expertos, las cuales llegaron a publicarse en revistas especializadas, tanto locales como internacionales. Al parecer, la idea vino de Rafael de la Hoz Arderius[113] (1924-2000), por entonces director general de Arquitectura del Gobierno de Franco.

Madrileño de nacimiento y cordobés de adopción, Rafael de la Hoz desarrolló en nuestra provincia la mayor parte de su obra y tuvo mucha influencia en la sociedad de su época, por lo que la iniciativa tuvo tal apoyo que contó incluso con el respaldo del Ayuntamiento. La revista *Arquitectura* se hizo eco en sus artículos de la polémica suscitada a raíz de la iniciativa con argumentarios en pro y en contra a cargo de firmas reputadas en el mundo académico, aunque no exentas, algunas veces, de imprecisiones y sesgos ideológicos, como el afirmar que el proyecto contaba con un amplio respaldo de la población cordobesa.

No sabemos si fue él quien presentó la idea a Franco o fue Franco quien le sugirió que estudiase esta posibilidad. Quizás todo naciera de la visita del rey Faisal bin Abdulaziz de Arabia Saudita a Córdoba el 23 de junio de 1966. El evento, como es de suponer, fue todo un acontecimiento para la ciudad en una época en la que apenas salíamos de la depresión económica; una real distracción que atrajo a innumerables curiosos, que, según cuentan, rompieron en aplausos cuando apareció el monarca en su coche de caballos escoltado por la Policía Local. Para la ocasión, fue recibido en la Puerta de las Bendiciones por una comisión del

113 Rafael de la Hoz Arterius tuvo una enorme influencia durante este periodo, tanto por sus numerosas obras en Córdoba y provincia como por sus contactos y vinculaciones políticas. Su biografía es pública y puede consultarse en internet.

Cabildo. Estaba encabezada por el entonces deán don José María Padilla, quien en aquel tiempo habitaba en una de las casas de la calle Deanes, y contó con un guía excepcional, don Rafael Castejón[114], partidario ferviente también de la purificación de la obra. Cuentan que, durante su visita, se detuvo largo tiempo frente al mihrab, admirando la belleza de su ejecución, y quedó tan impresionado que propuso él mismo financiar el proyecto para trasladar la Catedral a otro espacio y devolver la Mezquita a su estado original. Lo cierto es que don Rafael de la Hoz pensaba que la Mezquita se diseñó originariamente como un espacio abierto y flexible, dinámico, opuesto diametralmente al concepto oscuro y cerrado de inspiración grecorromana común en las catedrales de la época; de ahí su firme posición hacia la necesidad de regresar la Mezquita a su estado original, según expuso en su discurso de ingreso en la Real Academia de las Artes de San Fernando.

Resulta cuando menos peregrino el hecho de que el entonces caudillo Francisco Franco pensara seriamente en esta posibilidad, dadas sus fuertes convicciones y afinidad con el catolicismo y la jerarquía eclesiástica. Pero, al parecer, así fue, y estuvo a punto de autorizar la obra. Ahora es cuando podríamos aplicar el famoso dicho de «con la Iglesia hemos topado», porque el entonces obispo de Córdoba, don José María Cirarda, se opuso radicalmente. En sus memorias[115] recuerda la conversación que tuvo con el arquitecto promotor de la idea:

---

114 Sobre la importancia e influencia de Rafael Castejón y Martínez de Arizala (1893-1986), veterinario, médico y arqueólogo de vocación, baste el dato de que recibió la medalla de oro de la ciudad y se le dedicó una estatua, un busto que preside hoy la entrada al Rectorado de la Universidad de Córdoba, la antigua Facultad de Veterinaria. Puede consultarse su biografía en Internet.

115 Cirarda, José María (2011). *Recuerdos y memorias.* Madrid: PPC Ciudad. Pág. 285.

Me habló de un sueño que compartía con Franco: sacar la Mezquita de la Catedral construida en los días de Carlos V, trasladarla piedra por piedra a otro lugar de la ciudad y repristinar la Mezquita, tal como era antes de la conquista de Fernando III el Santo.

Cuenta también la profunda impresión de Franco al ver cómo el rey de Arabia Saudita se había echado a llorar, abrumado por la belleza y armonía de la Mezquita, frente al mihrab, y aludió a la pena del jefe del Estado rememorando la célebre frase de Carlos V, sin dejar de tocar la tecla de la vanidad del prelado, según don Rafael Mir[116]:

De la Hoz dijo al obispo que, si se acometiera la obra propuesta, él pasaría a la historia «como el obispo que abrió un cuarto capítulo en la historia de uno de los edificios más emblemáticos de la arquitectura universal». Para el obispo aquello era irrealizable, una locura. Más allá de las cuestiones religiosas, por ser una obra monumental con un coste incalculable. Pero, al parecer, esto no suponía un problema, pues el rey Faisal bin Abdulaziz correría con los gastos. Había ofrecido diez millones de dólares de la época para su ejecución, con una única condición: que los musulmanes pudieran orar frente al mihrab algunos días señalados, entre ellos, el viernes. No obstante, frente a la opinión pública, se había intentado difundir que se contaba con el beneplácito de la Iglesia por el proyecto —Rafael Castejón—.[117]

La oposición del obispo fue rotunda y su reacción no se hizo esperar. Encargó a don Manuel Nieto Cumplido, archivero de la Catedral por entonces y uno de los mejores conocedores del monumento, que tomara cartas en el asunto, y este no se hizo de rogar. El archivero, desde ese momento, participó activamente en el debate a través de los medios de comunicación (radio, prensa, artículos en revistas especiali-

---

116 Mir, Rafael (4 de agosto de 2013). «La mezquita y Franco», en *Diario Córdoba.*

117 Ver el interesante artículo de Casar Pinazo, J. I. (2004). «Anotaciones al artículo "Datos para la restauración de la Mezquita de Córdoba". Rafael Castejón y Martínez Arizala». *Papeles del Partal*, n. 2, págs. 17-44.

zadas) y mantuvo conversaciones personales con personajes de autoridad sobre el arte y la arqueología. Además, realizó una recopilación exhaustiva de los artículos y dictámenes de instituciones que se oponían al proyecto; entre otras, alguna tan prestigiosa como la Real Academia de San Fernando, que, por unanimidad, se posicionó en contra de la idea. La controversia llegó a tal punto que logró no solo que el Congreso Internacional de Museos y Sitios (ICOMOS)[118] se celebrara en Córdoba —12 de septiembre de 1972—, sino que además fuera el propio Rafael de la Hoz, que confiaba en un informe favorable, quien costeara el evento desde su cargo oficial. El debate fue duro, pero se decantó finalmente por la tesis de la preservación del monumento en su estado actual.

Lo extraordinario del suceso radica en que tanto don Rafael de la Hoz como el propio Franco aceptaron finalmente esta conclusión, quizás presionados por los organismos internacionales —la UNESCO intervino en el asunto instando a la conservación—, o por intereses políticos y mediáticos —el Ayuntamiento, en este mismo año, había solicitado de la UNESCO la declaración del monumento como Patrimonio de la Humanidad, lo que le fue concedido en 1984—, o puede que el asesinato del rey benefactor el 25 de marzo de 1975, a manos de su sobrino Faisal bin Musaid, dejara sin viabilidad económica el proyecto. Nunca lo sabremos, pero el hecho es que, si hoy podéis visitar la Mezquita-Catedral tal y como está, fue gracias a la determinación de dos personalidades de la época: el obispo don José María Cirarda y el archivero don Manuel Nieto Cumplido.

118 Se trata de una asociación no gubernamental asociada a la UNESCO.

Bibliografía comentada

Siempre he sido un viajero, en el sentido que aplicaba Camilo José Cela; no me gusta ser turista. Prefiero sentarme plácidamente en alguna plaza y dejarme atrapar por aquello que estoy viendo, sentir la realidad que me rodea, que me hablen al alma los edificios y las gentes. Recuerdo cómo me impresionó nuestro viaje a Egipto navegando por el Nilo, el reflejo de la luna en sus aguas, sus templos, sus desiertos, los palmerales, sus mercados y sus gentes. Un universo mágico de colores, líneas, olores, sonidos... Fue tal el impacto que, al regresar a Córdoba, me compré todos los libros que caían en mis manos para mantener viva la ensoñación de esta civilización milenaria y revivir a través de sus páginas las emociones que me habían embargado. Puede que también a vosotros os haya ocurrido algo parecido tras visitar la ciudad. Esto me ha llevado a introducir este apartado para quienes son aficionados a la literatura, la historia o el arte y que, como me ocurrió a mí mismo, quieran seguir profundizando en los misterios de nuestra ciudad. Evidentemente, no están todos los libros que se han escrito al respecto a lo largo de la historia, pero sí algunos de los que os pueden orientar y ayudar. O, al menos, eso espero.

1. Acedo del Olmo, Antonio R. (2021). *Abbás ibn Firnás. El sabio de al-Andalus.* Cádiz: La Serranía Editorial (3.ª ed.).

Para los aficionados a la novela histórica, es apasionante adentrarse en la biografía novelada de este sabio renacentista que se anticipó siglos a su época.

2. AA. VV. (2002). *Casos raros ocurridos en la ciudad de Córdoba.* Córdoba: Cajasur (ed. facsímil).

Se trata de una obra de coleccionista muy difícil de encontrar por lo limitado de su edición. Organizada para esta edición en dos tomos, consta de una estructura interna de tres, y en ella se narran, manuscritas, historias de la ciudad durante la segunda mitad del siglo XVI, el periodo de Felipe II. Aunque en el último tomo, por añadidos, podemos leer algunas historias, anécdotas y leyendas del siglo XIX. El ser una edición facsímil, en letra cursiva manuscrita, dificulta su lectura para los no iniciados en eso de la paleografía, pero, por su fecha y su contenido, resulta extraordinaria. Aquí podemos encontrar, por ejemplo, el primer caso de zombis en nuestra literatura. Todo un reto. Esta obra ha servido de base para la narración de muchas de las leyendas que circulan en torno a nuestra ciudad.

3. AA. VV. (s. a.). *Fuentes de Córdoba.* Córdoba: Imprenta San Pablo.

Una edición para bibliófilos muy difícil de encontrar dada su edición muy limitada, pero preciosa por su cuidada documentación e ilustraciones. Los textos corrieron a cargo de Mario López, las ilustraciones son de Antonio Povedano y cuenta con un prólogo de Pablo García Baena.

4. BURCKHAART, Titus (1979). *La civilización hispano-árabe.* Madrid: Alianza Editorial.

Para comprender el arte y la historia de Córdoba y de Andalucía, hay que sumergirse en las creencias que dominaron la ciudad durante más de tres siglos: religión, arte, cultura, historia... Esta es una magnífica obra para lograrlo.

5. CABELLO, Matilde (2005). *Wallada, la última luna.* Córdoba: Almuzara.

Una historia para amantes de la novela histórica que quieran adentrarse en un personaje femenino fascinante con una vida digna de la mejor película.

6. Caro Baroja, Julio (1989). *De los arquetipos y leyendas.* Barcelona: Círculo de Lectores.

Un libro más para filólogos que analiza cómo se van construyendo los mitos y leyendas a lo largo del tiempo.

7. Cirarda José María (2011). *Recuerdos y memorias.* Madrid: PPC Ciudad.

No siempre tenemos el privilegio de poder leer las memorias de un obispo. Leerlo es sumergirse en primera persona en los acontecimientos que hubo de enfrentar. Todo un lujo.

8. Cuadrado García, A. C. (2003). «Acción inquisitorial contra los judaizantes en Córdoba y crisis eclesiástica (1482-1508)», en *Revista de Historia Moderna,* 21, págs. 11-28. Disponible en https://doi.org/10.14198/RHM2003.21.01.

— (2005). «Las cárceles inquisitoriales del Tribunal de Córdoba», en *Hispania* LXV/2, págs. 443-464. Disponible en https://helvia.uco.es/bitstream/handle/10396/7717/140.pdf?sequence=1.

Dos artículos académicos que analizan la situación de las cárceles durante la época de la Inquisición y su labor en nuestra ciudad. Indispensables si tenéis curiosidad por conocer sus características y usos, así como los rituales y procesos llevados a cabo.

9. De Irisarri, Ángeles (2002). *El viaje de la reina.* Salamanca: Editorial Salamandra.

Para los aficionados a la novela histórica, trata de la aventura emprendida por la reina de Navarra Toda para reestablecer en el trono a su nieto Sancho, rey de León, que fue tratado de su obesidad en Córdoba. Aunque parezca mentira. A veces la historia es más fantástica que cualquier novela y, en este caso, quedan constancias en las crónicas.

10. FALCONES, Ildefonso (2009). *La mano de Fátima.* Barcelona: Grijalbo.

Novela histórica ambientada entre Granada y Córdoba durante la rebelión de los moriscos en las Alpujarras. Se trata de una narración fantástica que nos traslada a la época donde no faltan todas las vicisitudes propias del periodo con una magnífica recreación de ambientes y personajes.

11. FERNÁNDEZ DE CÓRDOBA, Álvaro (2021). «Los procesos de Córdoba y la pugna inquisitorial entre Felipe el Hermoso y Fernando el Católico. Las negociaciones romanas (1505-1506)», en *Sefarad,* 81(1), págs. 107-140. Disponible en https://doi.org/10.3989/sefarad.021-006.

Las relaciones entre la monarquía y la Iglesia no siempre fueron fáciles, ya lo vimos en la importancia que tuvo la llegada de Felipe el Hermoso en el episodio del inquisidor de Córdoba. Un buen artículo sobre los juegos de poder en el periodo de transición.

12. GONZÁLEZ LLAMA, Manuel (1867). *Crónica general de España. Córdoba.* Madrid: Rubio y Compañía (edición facsímil).

Otra obra de coleccionista cuyo interés reside en la fecha de publicación y el darnos idea de los conocimientos que sobre el monumento se tenía poco antes de la Gloriosa. Sobre la historia y fundación de la ciudad tiene datos muy interesantes. Resulta difícil de encontrar, me llegó gracias al Consejo Social de la Universidad de Córdoba, a quien agradezco el regalo.

13. GRACIA BOIX, Rafael y CUENCA TORIBIO, José Manuel (1982). *Colección de documentos para la historia de la Inquisición de Córdoba.* Córdoba: Monte de Piedad y Caja de Ahorros de Córdoba. Disponible en https://www.anabad.org/biblioteca/coleccion-de-documentos-para-la-historia-de-la-inquisicion-de-cordoba-recopilado-por-rafael-gracia-boix-prologo-de-jose-manuel-cuenca-toribio/.

Nada mejor que ir a las fuentes, y la investigación ha sido prolija en este sentido.

14. Hernández Sánchez, Marcial (2008). *Cuentos de Córdoba.* Córdoba: Litopress

Conjunto de relatos cortos, cuentos, donde se mezclan anécdotas con un marcado tinte costumbrista. Ameno y con un buen estilo narrativo en las descripciones de personajes y enclaves de Córdoba.

15. Iglesias Tais, Manuel y Flores Muñoz, Antonio (1986). *Catálogo de incunables e impresos del siglo xvi de la Biblioteca Pública de Córdoba.* Córdoba: Consejería de Cultura de la Junta de Andalucía.

Solo para hacernos una idea, encontramos aquí catalogadas 2306 obras de este periodo. El esfuerzo merece la pena para poner a disposición de los investigadores los fondos bibliográficos de esta época, pero también nos permite imaginar la riqueza y la variedad de dichos fondos. Incluye algunos grabados interesantísimos e índices que posibilitan la investigación sobre imprentas y lugares de impresión, por ejemplo.

16. Lasala, Magdalena (2006). *Almanzor. El gran guerrero de Al-andalus.* Baarcelona: Ediciones Folio.

Otra novela histórica sobre el último gran caudillo de Al Ándalus. Se ocupa ahora más detenidamente de sus orígenes y de cómo sus circunstancias (su origen noble, la muerte del padre y el carácter de una madre dominante) pueden generar ese perfil de ambición y complejos que marcarían la vida de Almanzor, para quien nada fue nunca suficiente.

17. Linares Roldán, Serafín (2002). *Almanzor.* Córdoba: FD Studio.

Una biografía novelada de Almanzor cuya vida ha llenado miles de páginas. Una buena aproximación al personaje histórico.

18. Luque Gallegos, Virginia; Pimentel, Manuel, y Cuesta López, Antonio (2021). *Espíritu de Córdoba. Historia viva del Palacio de Congresos.* Córdoba: Almuzara.

Muy interesante para conocer la historia y evolución de este monumento increíble.

19. Martínez Ruiz, José (Azorín) (2010). «Horas en Córdoba», en *España. Hombres y paisajes.* Madrid: Biblioteca Nueva (1.ª edición de 1909).

Siempre es un lujo leer las impresiones viajeras que sobre Córdoba dejó plasmadas uno de los escritores españoles con un estilo más depurado. Coincidiréis con muchas de ellas, aunque el ambiente haya cambiado tanto.

20. Montis, Ricardo de (1989). *Notas cordobesas.* Córdoba: Cajasur.

El primer tomo se publicó en 1911. La obra se compone en total de nueve tomos, ideal para quien sienta añoranza por esos usos y costumbres que se han ido perdiendo con el paso de los años. Aquí encontraréis anécdotas, historias, tipos y semblanzas que os harán soñar con esa Córdoba de principios del siglo xx. Aunque sus intenciones no fueran literarias, el estilo es sencillo y atrapa. Una obra de coleccionista. Aunque resulta difícil de localizar, está a vuestra disposición en Internet.

21. Morales Gajete, José Manuel (2015). *Enigmas y misterios de Córdoba.* Córdoba: Almuzara.

Un libro que se sumerge en lo mágico, en las historias asociadas a monumentos y enclaves de la ciudad en que lo natural y lo misterioso se dan la mano. Algunas de las leyendas leídas las podréis encontrar también aquí, pero abarca una localización mucho más amplia. Si te gustan las historias de fantasmas, apariciones, psicofonías y leyendas tradicionales salpicadas de experiencias, es un libro muy ameno que, seguro, te atrapará desde la primera página. El autor es colaborador de *Cuarto Milenio* y ha asistido a algunas de las investigaciones de campo realizadas en la ciudad.

22. MUÑOZ, Paco (2021). *Notas cordobesas.* Blog de autor. Disponible en https://www.notascordobesas.com/2021/02/casas-cuna-u-hospitales-asilos-para.html.

Blog muy bien documentado para curiosear sobre los rincones de nuestra ciudad.

23. MUÑOZ MOLINA, Antonio (1991). *La Córdoba de los Omeyas.* Barcelona: Planeta.

Libro de viajero indispensable para penetrar en acontecimientos y costumbres de la época islámica en Córdoba. Ameno y preciso.

24. MUÑOZ VÁZQUEZ, Miguel (1962). «Casa del hijo del Rey Don Enrique II», en *Boletín de la Real Academia de Córdoba, de Ciencias, Bellas Letras y Nobles Artes*, 82, págs. 109-134.

Hay bastante información sobre doña Leonor y su romance con el rey Enrique II, pero esta casa, este palacio en plena judería de Córdoba, bien merece que nos adentremos con algo más de profundidad en sus antecedentes. Un artículo bien traído y digno de leerse.

25. NEBOT CALPE, Natividad (s. a.). «*El collar de la paloma*: libro del siglo XI sobre el amor hispano-árabe», en *Actas XXXVII (AEPE)*, págs. 363-377. Disponible en https://cvc.cervantes.es/ensenanza/biblioteca_ele/aepe/pdf/congreso_37/congreso_37_27.pdf.

Artículo especializado para filólogos y amantes de la poesía, donde se analizan las claves de la poesía amorosa de la época, siglos X y XI, mucho más refinada y cortés que su coetánea en el resto de la península, de la que no nos han quedado testimonios. No en balde, los primeros poemas en lengua romance en España se darán, precisamente, en Córdoba con las jarchas mozárabes.

26. OLAGÜE, Ignacio (2017). *La revolución islámica en Occidente.* Córdoba: Almuzara.

Quedan aún hechos históricos que resultan inexplicables y merecen una revisión. Este libro nos adentra en alguno de ellos y constata la enorme importancia del periodo para comprender mejor la historia de nuestra ciudad.

27. Parcerisa, Francisco Javier (1855). *Recuerdos y bellezas de España: obra destinada á conocer sus monumentos y antigüedades.* Volumen 9 (1.ª edición). Madrid: Imprenta de Repullés.

Obra interesante por la fecha de publicación, pero muy difícil de encontrar. Si lo logréis, no dejéis de hojear sus páginas por la perspectiva que nos ofrece.

28. Paz, Amelia (2012). *Góngora y el señor Inquisidor.* Madrid: Sociedad Estatal de Conmemoraciones culturales.

Un hallazgo que supone un sueño para cualquier investigador. ¿Os imagináis encontrar un manuscrito inédito de don Luis de Góngora en la Biblioteca Nacional? Se trata de una enorme aportación que sigue arrojando luz sobre una época y unas circunstancias que conmovieron a la ciudad: la época más oscura de la Santa Inquisición.

29. Primo Jurado, Juan José.

En este caso, no pongo un título concreto porque son varias las obras de nuestro autor. Actualmente, dirige el Instituto Andaluz de Patrimonio Histórico, dependiente de la Consejería de Cultura y Patrimonio de la Junta de Andalucía. Aparte de ser doctor en Historia, es licenciado en Filosofía y Letras. Sus obras son rigurosas y amenas, y algunas tienen una edición tan cuidada que bien merecen formar parte de la mejor colección para un bibliófilo. Además, es un enamorado de la ciudad. De su vasta producción, os recomiendo los siguientes títulos:

— (2007). *Córdoba, ciudad eterna.* Córdoba: Almuzara.

Una edición en amplio formato con unas extraordinarias fotografías. Todo un lujo para disfrutar de una edición preciosista.

— (2009). *Paseando por Córdoba.* Córdoba: Almuzara.

Una obra para curiosos y visitantes, para sentarse plácidamente en unos jardines o una plaza y degustar el ambiente que se respira a través de sus páginas.

— (2011). *Iglesias de Córdoba.* Córdoba: Almuzara.

Uno de los paseos más interesantes que podréis realizar en la ciudad es el recorrido por sus diferentes iglesias. En concreto, aparte de la Mezquita-Catedral, es tradicional la visita a las iglesias fernandinas, las que se levantaron después de la Reconquista. El libro es sucinto, pero claro y sistemático para ilustrar el recorrido.

30. Ramírez de Arellano, Teodoro (2017). *Paseos por Córdoba. 1873-1877.* Córdoba: Red Municipal de Bibliotecas de Córdoba.

Un libro imprescindible para pasear la ciudad, origen e inspiración de los que han ido escribiéndose a continuación. Todo un clásico para cualquier biblioteca.

31. Roca Barea, María Elvira (2021). *Imperofobia y leyenda negra.* Madrid: Editorial Siruela.

Aunque esta obra no trata de Córdoba, sí es interesante para penetrar en el ambiente que rodeó algunos de los episodios truculentos relacionados con la Santa Inquisición. El libro es un ensayo sobre la leyenda negra que nos ayuda a comprender el origen y la importancia de esa guerra de poder y religiones que durante los Siglos de Oro se orquestó contra España. El contraste con las prácticas, persecuciones, juicios y sentencias, en otras naciones inspiradas por el protestantismo pone en perspectiva una realidad histórica indispensable para comprender nuestro pasado. La obra, muy bien documentada, constituyó todo un éxito editorial con múltiples reediciones.

32. Rosell, Cayetano (1953). «Crónica de Alfonso XI», en *Crónicas de los reyes de Castilla: desde Don Alfonso el Sabio, hasta los Católicos Don Fernando y Doña Isabel.* Madrid: Atlas.

Penetrar en la biografía de Alfonso XI es como ver una película, y es de extrañar que no se haya convertido en personaje de ficción. A veces, la realidad supera a la imaginación. Esta obra es imprescindible para acercarse a un personaje que marcaría con sus devaneos la historia de España en un momento convulso, que deseó ser enterrado en la Catedral junto a su padre y cuyos hijos fueron reyes de España, enfrentados en guerra fratricida. Os animo a que os acerquéis a él.

33. Ruiz, Ana y Marfil, Pedro (2012). «Actuación arqueológica preventiva en el "Patio de los Naranjos" de la Mezquita-Catedral de Córdoba», en *Anuario Arqueológico de Andalucía.* Junta de Andalucía. Disponible en https://hdl.handle.net/20.500.11947/25770.

Un artículo académico necesario para quien desee conocer los trabajos y hallazgos recientes realizados en el monumento.

34. Salcedo Hierro, Miguel (2000). *La Mezquita, Catedral de Córdoba.* Córdoba: Cajasur.

Uno de los escritores más señalados tanto por su estilo como por su vocación cordobesista y su pasión por el arte y el teatro. Fue cronista oficial de Córdoba y tiene una amplia bibliografía sobre la ciudad en temas diversos (incluida la gastronomía). Siempre es un placer releer sus obras, entre las que destacan, además de la señalada, *Notas cordobesas* —recopilación de artículos de Ricardo de Montis (1989)— y *El Alcázar de los Reyes Cristianos de Córdoba* (1975). Ya en el año 2000 publicó otra obra fascinante: *La Mezquita, Catedral de Córdoba: templo universal, cumbre del arte, vivero de historias y leyendas.* Sus obras no son fáciles de localizar, pero, si lo conseguís, merecerá la pena.

35. San Sebastián, Isabel (2020). *Las campanas de Santiago.* Barcelona: Plaza y Janés.

Novela histórica sobre el episodio de la conquista de Santiago de Compostela y el traslado de las campanas a Córdoba. Si sois aficionados al género, esta es una buena inmersión en la historia.

36. Sánchez Adalid, Jesús (2003). *El mozárabe.* Barcelona: B. S. A. Ediciones.

Para los aficionados a la novela histórica, esta es una magnífica epopeya que nos sumerge en la vida de Almanzor y su relación con el entonces obispo de la ciudad: romances, traiciones, guerras... Pocas veces hemos visto tratado a un personaje con tanta profundidad. Una ocasión maravillosa de sumergirse en esa época del siglo x en nuestra ciudad. La recomiendo encarecidamente.

37. Simonet, Francisco Javier (1858). «Las campanas de Santiago en Córdoba», en *Leyendas históricas árabes*. Madrid: Imprenta y litografía de D. Juan José Martínez.

Otro episodio sobre la salvación del sepulcro de Santiago, interesante por la fecha de publicación, que atestigua la antigüedad de la leyenda.

38. Valdivieso Fontán, Manuel (2021). *Hernando Colón. El bibliófilo que se enfrentó al emperador*. Córdoba: Almuzara.

Una obra apasionante que nos sumerge en los entresijos de la política y las intrigas de palacio en la época de Carlos I.

CAMPO DE LA VICTORIA
Ronda de los
Gran Capitan
San Hipólito
Concepcion
Conde Gondomar
Moreria
Góngora
Cabrera
Huerto de los Limones
Siete Rincones
Santa Victoria
Alta de Santa Ana
Patio de la Catedral
Torrijos
Puerta del Perdon
Huerta del Palacio Episcopal
Camposanto de los Mártires
Amador de los Rios
Caballerizas
Derribos
Huerta del Rey
Huerta de San Basilio
BARRIO DEL ALCAZAR VIEJO
Huerta del Alcazar
Puente sobre el
Molino
Molino del Rey
del Corregidor

Huerta de la Golondrina
CAMPO DE S.
Plaza de la Constitucion
Plazuela de las Cañas
San Pedro
Alfonso XII
Isabel II.
Arenillas
Abejas
Muñices
Pablo
Pedro Fernandez
Realejo
Duque de la Victoria
Regina
Alcántara
San Eloy
Frias
Ramirez
Ribera
Molino de Martos
Mucho Trigo
D. Rodrigo
San Francisco
Lucena
Claustro
Sol
CAMPO DE
G U A D A L Q U I V I R
Camino de la Zanja
CAMPO DE LA VERDAD
Miraflores
Rinconada
Plazuela de la Iglesia
NOMBRES
Jesus Crucificado, calleja
Jesus Nazareno
Jesus, calleja
José Rey
Juan de Mena
Juan Palo
Juan Rufo
Juan Tocino
Judería, plazuela
Judería, calleja
Judíos
Jurado Aguilar
Juramento
L
Ladrillos
Lagunilla, calleja
Lagunilla, plazuela
Leiva Aguilar
Leones